50 Juegos Clásicos para Aprender Python.

Introducción:

Bienvenido a "50 Juegos Clásicos para Aprender Python". Este libro es tu guía interactiva para explorar el fascinante mundo de la programación en Python a través de la creación de juegos clásicos. ¿Alguna vez te has preguntado cómo funcionan esos juegos que disfrutas jugar? ¿Te gustaría dar vida a tus propias versiones de juegos populares mientras aprendes a programar?

Python, con su sintaxis clara y versatilidad, es un lenguaje de programación ideal para principiantes y jugadores aficionados por igual. A lo largo de este libro, te embarcarás en un emocionante viaje, donde cada capítulo te presentará un nuevo juego clásico y te enseñará los conceptos fundamentales de la programación de manera práctica y divertida.

¿Por qué juegos?

Los juegos son una excelente manera de aprender a programar. Ofrecen un entorno interactivo que permite a los programadores novatos ver resultados inmediatos de su código. Al abordar juegos clásicos, estarás trabajando con problemas prácticos y desafiantes que te ayudarán a desarrollar habilidades esenciales de programación.

Cada juego que construirás en este libro no solo será una aplicación funcional, sino también una oportunidad para entender conceptos cruciales de Python, como variables, bucles, condicionales, funciones y más. Además, a medida que avanzas en los juegos, podrás explorar temas más avanzados, como la manipulación de datos, la programación orientada a objetos y el manejo de eventos.

Cómo usar este libro

Cada capítulo de "50 Juegos Clásicos para Aprender Python" te guiará a través de la creación de un juego específico. Se proporcionarán explicaciones detalladas de cada línea de código, y se fomentará la experimentación y la personalización para que puedas hacer cada juego realmente tuyo.

A medida que te sumerjas en el mundo de la programación de juegos, estarás construyendo una sólida comprensión de Python y desarrollando la confianza para emprender proyectos más ambiciosos. ¡Prepárate para una experiencia educativa emocionante y desafiante!

¡Comencemos la aventura!

Sin más preámbulos, sumérgete en el mundo de "50 Juegos Clásicos para Aprender Python". ¡Que la programación de juegos y el aprendizaje de Python te resulten tan emocionantes y gratificantes como la creación de tus propios mundos virtuales!

Índice.

Adivina el Número.

Ejercicio:

Crea el clásico juego donde el jugador intenta adivinar un número secreto.

Solución:

```python
import random

def adivina_el_numero():
    numero_secreto = random.randint(1, 100)
    intentos = 0

    print("¡Bienvenido a Adivina el Número!")
    print("Estoy pensando en un número entre 1 y 100")

    while True:
        intento = int(input("Tu suposición: "))
        intentos += 1

        if intento < numero_secreto:
            print("Muy bajo. Intenta nuevamente.")
        elif intento > numero_secreto:
```

```python
            print("Muy alto. Intenta
nuevamente.")
        else:
            print(f"¡Felicidades! ¡Adivinaste el
número en {intentos} intentos!")
            break

if __name__ == "__main__":
    adivina_el_numero()
```

Este código utiliza la biblioteca `random` para generar un número secreto aleatorio entre 1 y 100. Luego, entra en un bucle donde el jugador realiza sus suposiciones, y el programa le proporciona pistas si la suposición es demasiado baja o demasiado alta. El juego continúa hasta que el jugador adivina correctamente.

Puedes personalizar el código según tus necesidades o agregar características adicionales, como límites de intentos, mensajes de felicitación personalizados, etc.

TaTeTi (Tic-Tac-Toe)

Ejercicio:

Implementa el juego de tres en línea para dos jugadores.

Solución:

Este código utiliza una matriz para representar el tablero y permite a dos jugadores alternar turnos para colocar "X" o "O" en el tablero. El juego verifica automáticamente si hay un ganador después de cada movimiento.

```python
def imprimir_tablero(tablero):
    for fila in tablero:
        print(" | ".join(fila))
        print("-" * 9)

def verificar_ganador(tablero):
    # Verificar filas y columnas
    for i in range(3):
        if tablero[i][0] == tablero[i][1] == tablero[i][2] != ' ':
            return tablero[i][0]
```

```python
        if tablero[0][i] == tablero[1][i] ==
tablero[2][i] != ' ':
            return tablero[0][i]

    # Verificar diagonales
    if tablero[0][0] == tablero[1][1] ==
tablero[2][2] != ' ':
        return tablero[0][0]
    if tablero[0][2] == tablero[1][1] ==
tablero[2][0] != ' ':
        return tablero[0][2]

    return None

def tictactoe():
    tablero = [[' ' for _ in range(3)] for _ in
range(3)]
    jugador_actual = 'X'

    print("¡Bienvenido a TaTeTi (Tic-Tac-Toe)!")
    imprimir_tablero(tablero)

    for _ in range(9):  # Un juego típico tiene
como máximo 9 movimientos
        fila = int(input(f"Jugador
{jugador_actual}, elige una fila (0, 1, 2): "))
        columna = int(input(f"Jugador
{jugador_actual}, elige una columna (0, 1, 2:
"))

        if tablero[fila][columna] == ' ':
            tablero[fila][columna] =
jugador_actual
        else:
```

```python
            print("Esa casilla ya está ocupada.
¡Intenta nuevamente!")
            continue

        imprimir_tablero(tablero)

        ganador = verificar_ganador(tablero)
        if ganador:
            print(f"¡Felicidades, Jugador
{ganador}! ¡Has ganado!")
            break

        jugador_actual = 'O' if jugador_actual ==
'X' else 'X'
    else:
        print("¡Es un empate!")

if __name__ == "__main__":
    tictactoe()
```

Este código te proporciona una estructura básica para el juego.
Puedes personalizarlo según tus preferencias o agregar
características adicionales, como manejar la entrada incorrecta
del usuario, permitir reiniciar el juego, etc. ¡Espero que disfrutes
implementando y jugando al TaTeTi en Python!

Ahorcado.

Aquí tienes un código simple para implementar el juego del Ahorcado en Python. El juego seleccionará una palabra aleatoria de una lista y permitirá al jugador adivinar letras hasta que adivinen la palabra o se complete el dibujo del ahorcado.

```python
import random

def obtener_palabra():
    palabras = ["python", "programacion",
"desarrollo", "ahorcado", "juego"]
    return random.choice(palabras)

def mostrar_palabra(palabra, letras_adivinadas):
    resultado = ""
    for letra in palabra:
        if letra in letras_adivinadas:
            resultado += letra + " "
        else:
            resultado += "_ "
    return resultado.strip()

def ahorcado():
    palabra_secreta = obtener_palabra()
    letras_adivinadas = []
    intentos_maximos = 6
```

```python
    intentos = 0

    print("¡Bienvenido al Juego del Ahorcado!")

    while intentos < intentos_maximos:
        letra = input("\nAdivina una letra: ").lower()

        if letra.isalpha() and len(letra) == 1:
            if letra in letras_adivinadas:
                print("Ya adivinaste esa letra. ¡Intenta con otra!")
                continue

            letras_adivinadas.append(letra)

            if letra not in palabra_secreta:
                intentos += 1
                print(f"Incorrecto. Te quedan {intentos_maximos - intentos} intentos.")
            else:
                print("¡Correcto!")

            print("Palabra actual:", mostrar_palabra(palabra_secreta, letras_adivinadas))

            if set(letras_adivinadas) == set(palabra_secreta):
                print("¡Felicidades! ¡Has adivinado la palabra!")
                break
        else:
```

```python
        print("Entrada no válida. Ingresa una
sola letra.")

    else:
        print(f"\n¡Oh no! Se acabaron los
intentos. La palabra era '{palabra_secreta}'.")

if __name__ == "__main__":
    ahorcado()
```

Este código utiliza una función `obtener_palabra` para seleccionar aleatoriamente una palabra de la lista y una función `mostrar_palabra` para mostrar la palabra actualizada con las letras adivinadas. El juego continúa hasta que el jugador adivina la palabra o se quedan sin intentos.

Puedes personalizar el código según tus preferencias o agregar características adicionales. ¡Espero que disfrutes implementando y jugando al Ahorcado en Python!

Batalla Naval.

Ejercicio:

Crea una versión simple del juego de batalla naval para dos jugadores.

Solución:

Aquí tienes un código básico para implementar el juego de Batalla Naval en Python. Este juego es para dos jugadores, y cada jugador colocará sus barcos en un tablero antes de empezar a atacar al oponente.

```python
import random

def imprimir_tablero(tablero):
    for fila in tablero:
        print(" ".join(fila))

def colocar_barcos(tablero, jugador):
    print(f"\nJugador {jugador}, coloca tus barcos:")
    for _ in range(5):  # Puedes ajustar el número de barcos
        fila = int(input("Elige la fila (0-4): "))
```

```python
        columna = int(input("Elige la columna
(0-4): "))

        if tablero[fila][columna] == 'O':
            print("Ya hay un barco en esa
posición. ¡Elige otra!")
            continue

        tablero[fila][columna] = 'O'

def atacar(tablero, fila, columna):
    if tablero[fila][columna] == 'O':
        print("¡Impacto! Has golpeado un barco
enemigo.")
        tablero[fila][columna] = 'X'
        return True
    else:
        print("¡Agua! No has golpeado ningún
barco enemigo.")
        return False

def batalla_naval():
    tablero_jugador1 = [[' ' for _ in range(5)]
for _ in range(5)]
    tablero_jugador2 = [[' ' for _ in range(5)]
for _ in range(5)]

    colocar_barcos(tablero_jugador1, 1)
    imprimir_tablero(tablero_jugador1)

    colocar_barcos(tablero_jugador2, 2)
    imprimir_tablero(tablero_jugador2)

    turno = 1
```

```python
    while True:
        if turno == 1:
            print("\n¡Turno del Jugador 1!")
            fila = int(input("Elige la fila para
atacar (0-4): "))
            columna = int(input("Elige la columna
para atacar (0-4): "))
            resultado = atacar(tablero_jugador2,
fila, columna)

            if resultado:

imprimir_tablero(tablero_jugador2)
                if all('O' not in fila for fila
in tablero_jugador2):
                    print("¡Jugador 1 ha
ganado!")
                    break
            turno = 2
        else:
            print("\n¡Turno del Jugador 2!")
            fila = random.randint(0, 4)
            columna = random.randint(0, 4)
            resultado = atacar(tablero_jugador1,
fila, columna)

            if resultado:

imprimir_tablero(tablero_jugador1)
                if all('O' not in fila for fila
in tablero_jugador1):
                    print("¡Jugador 2 ha
ganado!")
                    break
            turno = 1
```

```python
if __name__ == "__main__":
    batalla_naval()
```

Este código crea dos tableros para cada jugador, permite que cada jugador coloque sus barcos y luego alternan turnos para atacar al oponente. El juego continúa hasta que todos los barcos de un jugador han sido hundidos.
Puedes personalizar el código según tus preferencias, como ajustar la cantidad de barcos, mejorar la interfaz de usuario o agregar características adicionales. ¡Espero que disfrutes implementando y jugando a la Batalla Naval en Python!

Laberinto.

Ejercicio:

Genera un laberinto y permite que el jugador lo resuelva.

Solución:

Aquí tienes un código básico para implementar un juego de Laberinto en Python. Este ejemplo utiliza un laberinto representado por una matriz donde el jugador debe moverse desde la posición inicial hasta la salida.

```python
def imprimir_laberinto(laberinto, jugador_pos):
    for i, fila in enumerate(laberinto):
        for j, celda in enumerate(fila):
            if (i, j) == jugador_pos:
                print("P", end=" ")
            else:
                print(celda, end=" ")
        print()

def mover_jugador(laberinto, jugador_pos,
direccion):
    fil, col = jugador_pos
    nueva_fil, nueva_col = fil, col

    if direccion == "arriba" and fil > 0:
        nueva_fil -= 1
```

```python
    elif direccion == "abajo" and fil <
len(laberinto) - 1:
        nueva_fil += 1
    elif direccion == "izquierda" and col > 0:
        nueva_col -= 1
    elif direccion == "derecha" and col <
len(laberinto[0]) - 1:
        nueva_col += 1

    if laberinto[nueva_fil][nueva_col] == 0:
        return nueva_fil, nueva_col
    else:
        print("¡No puedes pasar por esa ruta!
Intenta otra dirección.")
        return jugador_pos

def laberinto():
    laberinto = [
        [0, 0, 1, 1, 1],
        [0, 1, 0, 0, 0],
        [0, 1, 0, 1, 0],
        [0, 0, 0, 1, 0],
        [1, 0, 1, 1, 0]
    ]

    jugador_pos = (0, 0)
    salida_pos = (len(laberinto) - 1,
len(laberinto[0]) - 1)

    print("¡Bienvenido al Laberinto!")
    imprimir_laberinto(laberinto, jugador_pos)

    while jugador_pos != salida_pos:
```

```python
        direccion = input("¿Hacia dónde quieres
moverte? (arriba, abajo, izquierda, derecha):
").lower()

        jugador_pos = mover_jugador(laberinto,
jugador_pos, direccion)
        imprimir_laberinto(laberinto,
jugador_pos)

    print("¡Felicidades! Has llegado a la salida
del laberinto.")

if __name__ == "__main__":
    laberinto()
```

Este código presenta un laberinto simple en forma de matriz donde "0" representa una ruta válida y "1" representa una pared. El jugador se mueve hacia arriba, abajo, izquierda o derecha para llegar a la salida del laberinto.

Puedes personalizar el código según tus preferencias, como cambiar el diseño del laberinto, agregar más obstáculos o incluso implementar algoritmos más avanzados para generar laberintos aleatorios. ¡Espero que disfrutes implementando y jugando al Laberinto en Python!

Piedra, Papel o Tijera.

Ejercicio:

Implementa el clásico juego de decisión.

Solución:

Aquí tienes un código simple para implementar el juego de Piedra, Papel o Tijeras en Python. En este juego, el usuario elige una opción, y la computadora selecciona una opción aleatoria. Luego, se determina el ganador según las reglas del juego.

```python
import random

def obtener_opcion_usuario():
    while True:
        opcion = input("Elige Piedra, Papel o Tijeras: ").lower()
        if opcion in ["piedra", "papel", "tijeras"]:
            return opcion
        else:
            print("Entrada no válida. Por favor, elige Piedra, Papel o Tijeras.")

def obtener_opcion_computadora():
```

```python
    opciones = ["piedra", "papel", "tijeras"]
    return random.choice(opciones)

def determinar_ganador(opcion_usuario,
opcion_computadora):
    if opcion_usuario == opcion_computadora:
        return "Empate"
    elif (
        (opcion_usuario == "piedra" and
opcion_computadora == "tijeras") or
        (opcion_usuario == "papel" and
opcion_computadora == "piedra") or
        (opcion_usuario == "tijeras" and
opcion_computadora == "papel")
    ):
        return "¡Ganaste!"
    else:
        return "¡La computadora ganó!"

def piedra_papel_tijeras():
    print("¡Bienvenido al juego de Piedra, Papel
o Tijeras!")

    opcion_usuario = obtener_opcion_usuario()
    opcion_computadora =
obtener_opcion_computadora()

    print(f"\nTú elegiste: {opcion_usuario}")
    print(f"La computadora eligió:
{opcion_computadora}")

    resultado =
determinar_ganador(opcion_usuario,
opcion_computadora)
    print(f"\nResultado: {resultado}")
```

```python
if __name__ == "__main__":
    piedra_papel_tijeras()
```

Este código solicita al usuario que elija entre Piedra, Papel o
Tijeras, luego genera una elección aleatoria para la computadora y
determina el ganador según las reglas del juego. Puedes ejecutar
el juego varias veces para jugar contra la computadora.

Siéntete libre de personalizar el código según tus preferencias,
como agregar más opciones, mejorar la interfaz de usuario o
implementar características adicionales. ¡Espero que disfrutes
implementando y jugando a Piedra, Papel o Tijeras en Python!

Buscaminas.

Ejercicio:

Crea un juego en el que el jugador debe evitar las minas mientras descubre el tablero.

Solución:

El juego Buscaminas es un poco más complejo, pero aquí tienes un código básico para implementar Buscaminas en Python. En este código, el jugador puede revelar celdas y, si revela una mina, el juego termina. El objetivo es revelar todas las celdas seguras sin tocar ninguna mina.

```python
import random

def generar_tablero(filas, columnas, num_minas):
    tablero = [[' ' for _ in range(columnas)] for _ in range(filas)]

    # Colocar minas aleatoriamente
    minas_colocadas = 0
    while minas_colocadas < num_minas:
        fila = random.randint(0, filas - 1)
        columna = random.randint(0, columnas - 1)

        if tablero[fila][columna] != 'M':
            tablero[fila][columna] = 'M'
```

```python
            minas_colocadas += 1

    return tablero

def imprimir_tablero(tablero,
mostrar_minas=False):
    for fila in tablero:
        for celda in fila:
            if celda == 'M' and not
mostrar_minas:
                print(' ', end=' ')
            else:
                print(celda, end=' ')
        print()

def contar_minas_alrededor(tablero, fila,
columna):
    contador_minas = 0
    for i in range(max(0, fila - 1),
min(len(tablero), fila + 2)):
        for j in range(max(0, columna - 1),
min(len(tablero[0]), columna + 2)):
            if tablero[i][j] == 'M':
                contador_minas += 1
    return contador_minas

def revelar_celda(tablero, tablero_visible, fila,
columna):
    if 0 <= fila < len(tablero) and 0 <= columna
< len(tablero[0]) and
tablero_visible[fila][columna] == ' ':
        if tablero[fila][columna] == 'M':
            return False
        else:
```

```python
            minas_alrededor = contar_minas_alrededor(tablero, fila, columna)
            tablero_visible[fila][columna] = str(minas_alrededor) if minas_alrededor > 0 else ' '

            if minas_alrededor == 0:
                for i in range(max(0, fila - 1), min(len(tablero), fila + 2)):
                    for j in range(max(0, columna - 1), min(len(tablero[0]), columna + 2)):
                        revelar_celda(tablero, tablero_visible, i, j)
    return True

def buscaminas():
    filas = 8
    columnas = 8
    num_minas = 10

    tablero = generar_tablero(filas, columnas, num_minas)
    tablero_visible = [[' ' for _ in range(columnas)] for _ in range(filas)]

    print("¡Bienvenido al Buscaminas!")
    imprimir_tablero(tablero_visible)

    while True:
        fila = int(input("Elige una fila (0-7): "))
        columna = int(input("Elige una columna (0-7): "))

        if not revelar_celda(tablero, tablero_visible, fila, columna):
```

```python
                print("¡Boom! Has tocado una mina.
Fin del juego.")
                imprimir_tablero(tablero,
mostrar_minas=True)
                break

        imprimir_tablero(tablero_visible)

        celdas_reveladas = sum(row.count(' ') for
row in tablero_visible)
        if celdas_reveladas == filas * columnas -
num_minas:
            print("¡Felicidades! Has revelado
todas las celdas seguras. ¡Ganaste!")
            break

if __name__ == "__main__":
    buscaminas()
```

Este código genera un tablero con minas colocadas
aleatoriamente y permite al jugador revelar celdas. Si revelas una
mina, el juego termina. El objetivo es revelar todas las celdas
seguras sin tocar ninguna mina. Puedes personalizar el código
según tus preferencias, como ajustar el tamaño del tablero o el
número de minas. ¡Espero que disfrutes implementando y jugando
a Buscaminas en Python!

Crucigrama.

Ejercicio:

Genera crucigramas con palabras y pistas.

Solución:

Crear un crucigrama completo desde cero podría ser bastante extenso, pero aquí tienes un ejemplo simple de cómo podrías implementar un crucigrama en Python. En este ejemplo, el programa generará automáticamente un crucigrama con algunas palabras y permitirá que el usuario lo complete.

```python
import random

def generar_crucigrama(palabras):
    crucigrama = [[' ' for _ in range(10)] for _ in range(10)]

    # Colocar palabras en el crucigrama
    for palabra in palabras:
        orientacion = random.choice(['horizontal', 'vertical'])
        if orientacion == 'horizontal':
            fila = random.randint(0, 9)
            columna = random.randint(0, 10 - len(palabra))
```

```python
            for i in range(len(palabra)):
                crucigrama[fila][columna + i] =
palabra[i]
        else:  # Orientación vertical
            fila = random.randint(0, 10 -
len(palabra))
            columna = random.randint(0, 9)
            for i in range(len(palabra)):
                crucigrama[fila + i][columna] =
palabra[i]

    return crucigrama

def imprimir_crucigrama(crucigrama):
    for fila in crucigrama:
        print(' '.join(fila))

def completar_crucigrama(crucigrama,
palabras_a_completar):
    for palabra in palabras_a_completar:
        encontrado = False

        # Buscar la palabra en filas
        for fila in range(len(crucigrama)):
            fila_str = ''.join(crucigrama[fila])
            if palabra in fila_str:
                encontrado = True
                print(f'¡Encontraste la palabra
"{palabra}" en la fila {fila + 1}!')
                break

        # Buscar la palabra en columnas
        for columna in range(len(crucigrama[0])):
```

```python
        columna_str =
''.join(crucigrama[i][columna] for i in
range(len(crucigrama)))
            if palabra in columna_str:
                encontrado = True
                print(f'¡Encontraste la palabra
"{palabra}" en la columna {columna + 1}!')
                break


    if not encontrado:
        print(f'No se encontró la palabra
"{palabra}" en el crucigrama.')

if __name__ == "__main__":
    palabras_crucigrama = ["python",
"programacion", "crucigrama", "codigo",
"desarrollo"]

    crucigrama_generado =
generar_crucigrama(palabras_crucigrama)
    imprimir_crucigrama(crucigrama_generado)

    palabras_a_completar = ["python", "codigo",
"desarrollo"]
    completar_crucigrama(crucigrama_generado,
palabras_a_completar)
```

Este código generará un crucigrama con algunas palabras y permitirá que el usuario complete el crucigrama buscando las palabras en filas o columnas. Puedes personalizar el código agregando más palabras al crucigrama o mejorando la interfaz de usuario. ¡Espero que encuentres útil este ejemplo de crucigrama en Python!

El Juego de la Vida.

Ejercicio:

Simula el juego de la vida de Conway, un autómata celular.

Solución:

El "Juego de la Vida" es un autómata celular que sigue reglas simples pero da lugar a patrones complejos y fascinantes. Aquí tienes una implementación básica en Python del Juego de la Vida utilizando la biblioteca `pygame` para visualizar la simulación:

Primero, asegúrate de tener la biblioteca `pygame` instalada:

pip install pygame

```python
import pygame
import numpy as np

# Configuración del juego
width, height = 600, 600
rows, cols = 60, 60
cell_size = width // cols
```

```python
# Colores
black = (0, 0, 0)
white = (255, 255, 255)

# Inicializar la pantalla
pygame.init()
screen = pygame.display.set_mode((width, height))


pygame.display.set_caption("Juego de la Vida")

# Función para crear el tablero inicial aleatorio
def inicializar_tablero():
    return np.random.choice([0, 1], size=(rows,
cols))

# Función para actualizar el tablero según las
reglas del Juego de la Vida
def actualizar_tablero(tablero):
    nuevo_tablero = tablero.copy()

    for i in range(rows):
        for j in range(cols):
            vecinos = sum(tablero[(i - 1) % rows,
(j - 1) % cols],
                          tablero[(i - 1) % rows,
j],
                          tablero[(i - 1) % rows,
(j + 1) % cols],
                          tablero[i, (j - 1) %
cols],
```

```python
                            tablero[i, (j + 1) %
cols],
                            tablero[(i + 1) % rows,
(j - 1) % cols],
                            tablero[(i + 1) % rows,
j],
                            tablero[(i + 1) % rows,
(j + 1) % cols])

            # Reglas del Juego de la Vida

            if tablero[i, j] == 1:
                if vecinos < 2 or vecinos > 3:
                    nuevo_tablero[i, j] = 0
            else:
                if vecinos == 3:
                    nuevo_tablero[i, j] = 1

    return nuevo_tablero

# Función para dibujar el tablero en la pantalla
def dibujar_tablero(tablero):
    screen.fill(black)

    for i in range(rows):
        for j in range(cols):
            color = white if tablero[i, j] == 1
else black
            pygame.draw.rect(screen, color, (j *
cell_size, i * cell_size, cell_size, cell_size))

    pygame.display.flip()

# Función principal del juego
```

```python
def juego_de_la_vida():
    tablero = inicializar_tablero()
    ejecutando = True

    while ejecutando:
        for event in pygame.event.get():
            if event.type == pygame.QUIT:
                ejecutando = False

        dibujar_tablero(tablero)


        pygame.time.delay(100)  # Retardo de
tiempo para visualización

        tablero = actualizar_tablero(tablero)

    pygame.quit()

if __name__ == "__main__":
    juego_de_la_vida()
```

Este código utiliza la biblioteca `pygame` para crear una interfaz gráfica y visualizar el Juego de la Vida. Puedes ajustar los parámetros como `rows` y `cols` para cambiar el tamaño del tablero y experimentar con diferentes configuraciones.

Recuerda que el Juego de la Vida es conocido por generar patrones interesantes y complejos a lo largo del tiempo, ¡así que diviértete explorándolo!

Serpiente.

Ejercicio:

Crea el juego clásico de la serpiente donde el jugador controla una serpiente que crece al comer alimentos.

Solución:

Aquí tienes un ejemplo simple de implementación del juego de la serpiente (Snake) en Python utilizando la biblioteca `pygame` para la interfaz gráfica. Asegúrate de tener la biblioteca `pygame` instalada antes de ejecutar el código:

pip install pygame

```python
import pygame
import sys
import random

# Inicialización de pygame
pygame.init()

# Configuración del juego
width, height = 600, 400
cell_size = 20
fps = 10
```

```python
# Colores
black = (0, 0, 0)
white = (255, 255, 255)
red = (255, 0, 0)

# Direcciones
UP = (0, -1)



DOWN = (0, 1)
LEFT = (-1, 0)
RIGHT = (1, 0)

# Clase Snake
class Snake:
    def __init__(self):
        self.body = [(100, 100), (90, 100), (80,
100)]
        self.direction = RIGHT

    def move(self):
        head = self.body[0]
        new_head = (head[0] + self.direction[0] *
cell_size, head[1] + self.direction[1] *
cell_size)
        self.body.insert(0, new_head)

    def grow(self):
        tail = self.body[-1]
        new_tail = (tail[0] - self.direction[0] *
cell_size, tail[1] - self.direction[1] *
cell_size)
        self.body.append(new_tail)
```

```python
    def check_collision(self):
        head = self.body[0]
        return head in self.body[1:]

    def check_boundary(self):
        head = self.body[0]




        return head[0] < 0 or head[0] >= width or
head[1] < 0 or head[1] >= height

    def draw(self, screen):
        for segment in self.body:
            pygame.draw.rect(screen, white,
(segment[0], segment[1], cell_size, cell_size))

# Clase Food
class Food:
    def __init__(self):
        self.position = self.generate_position()

    def generate_position(self):
        x = random.randrange(0, width, cell_size)
        y = random.randrange(0, height,
cell_size)
        return x, y

    def draw(self, screen):
        pygame.draw.rect(screen, red,
(self.position[0], self.position[1], cell_size,
cell_size))
```

```python
# Función principal del juego
def snake_game():
    # Inicialización de la pantalla
    screen = pygame.display.set_mode((width,
height))
    pygame.display.set_caption("Snake Game")

    clock = pygame.time.Clock()



    snake = Snake()
    food = Food()

    while True:
        for event in pygame.event.get():
            if event.type == pygame.QUIT:
                pygame.quit()
                sys.exit()
            elif event.type == pygame.KEYDOWN:
                if event.key == pygame.K_UP and
snake.direction != DOWN:
                    snake.direction = UP
                elif event.key == pygame.K_DOWN
and snake.direction != UP:
                    snake.direction = DOWN
                elif event.key == pygame.K_LEFT
and snake.direction != RIGHT:
                    snake.direction = LEFT
                elif event.key == pygame.K_RIGHT
and snake.direction != LEFT:
                    snake.direction = RIGHT

        snake.move()
```

```python
        if snake.body[0] == food.position:
            snake.grow()
            food.position =
food.generate_position()

        if snake.check_collision() or
snake.check_boundary():



            pygame.quit()
            sys.exit()

        screen.fill(black)
        snake.draw(screen)
        food.draw(screen)
        pygame.display.flip()

        clock.tick(fps)

if __name__ == "__main__":
    snake_game()
```

Este código implementa el juego de la serpiente en el que controlas una serpiente que puede moverse en cuatro direcciones y debe recoger comida para crecer. Si la serpiente choca con su propio cuerpo o alcanza los límites de la pantalla, el juego termina. Puedes personalizar el código según tus preferencias, agregar más características o mejorar la interfaz gráfica. ¡Espero que disfrutes del juego de la serpiente en Python!

Memory.

Ejercicio:

Crea un juego de memoria donde el jugador empareja cartas.

Solución:

Aquí tienes un ejemplo simple de un juego de Memory (parejas) en Python utilizando la biblioteca pygame para la interfaz gráfica. Asegúrate de tener la biblioteca pygame instalada antes de ejecutar el código:

pip install pygame

```python
import pygame
import sys
import random

# Inicialización de pygame
pygame.init()

# Configuración del juego
width, height = 400, 400
rows, cols = 4, 4
```

```python
card_size = 80
margin = 10
fps = 60

# Colores
black = (0, 0, 0)
white = (255, 255, 255)



# Cartas disponibles
cards = ['A', 'B', 'C', 'D', 'E', 'F', 'G', 'H']
* 2

# Inicialización de la pantalla
screen = pygame.display.set_mode((width, height))
pygame.display.set_caption("Memory Game")

clock = pygame.time.Clock()

# Funciones del juego
def generar_tablero():
    random.shuffle(cards)
    return [cards[i:i + cols] for i in range(0,
len(cards), cols)]

def dibujar_carta(texto, rect):
    font = pygame.font.Font(None, 36)
    text = font.render(texto, True, black)
    text_rect = text.get_rect(center=rect.center)
    screen.blit(text, text_rect)

def main():
```

```python
    tablero = generar_tablero()
    seleccionadas = []

    while True:
        for event in pygame.event.get():
            if event.type == pygame.QUIT:
                pygame.quit()
                sys.exit()



            elif event.type ==
pygame.MOUSEBUTTONDOWN:
                x, y = pygame.mouse.get_pos()
                columna = (x - margin) //
(card_size + margin)
                fila = (y - margin) // (card_size
+ margin)

                if (0 <= fila < rows) and (0 <=
columna < cols):
                    if (fila, columna) not in
seleccionadas:

seleccionadas.append((fila, columna))

        screen.fill(white)

        for fila in range(rows):
            for columna in range(cols):
                rect = pygame.Rect(
                    columna * (card_size +
margin) + margin,
```

```python
                        fila * (card_size + margin) +
margin,
                    card_size,
                    card_size
                )

                pygame.draw.rect(screen, black,
rect)
                if (fila, columna) in
seleccionadas:


dibujar_carta(tablero[fila][columna], rect)

        pygame.display.flip()
        clock.tick(fps)

        if len(seleccionadas) == 2:
            pygame.time.delay(500)  # Espera 500
milisegundos para que el jugador pueda ver las
cartas
            if
tablero[seleccionadas[0][0]][seleccionadas[0][1]]
==
tablero[seleccionadas[1][0]][seleccionadas[1][1]]
:
                seleccionadas = []
            else:
                seleccionadas.pop(0)
                seleccionadas.pop(0)

if __name__ == "__main__":
    main()
```

Este código implementa un juego simple de Memory en el que el jugador debe hacer clic en cartas para encontrar las parejas coincidentes. Si las dos cartas seleccionadas coinciden, se mantienen visibles. De lo contrario, se ocultan después de un breve período de tiempo.

Puedes personalizar el código, como cambiar el tamaño del tablero o agregar más cartas. ¡Espero que disfrutes del juego de Memory en Python!

Simón Dice.

Ejercicio:

Implementa el juego de memoria "Simón dice".

Solución:

Aquí tienes un ejemplo simple de un juego de "Simón Dice" (Simon Says) en Python utilizando la biblioteca pygame para la interfaz gráfica. Asegúrate de tener la biblioteca pygame instalada antes de ejecutar el código:

```
pip install pygame
```

```python
import pygame
import sys
import random
import time

# Inicialización de pygame
pygame.init()

# Configuración del juego
width, height = 400, 400
```

```python
fps = 5  # Velocidad de reproducción de la
secuencia
button_size = 100
margin = 20

# Colores
black = (0, 0, 0)
white = (255, 255, 255)
red = (255, 0, 0)
green = (0, 255, 0)




blue = (0, 0, 255)
yellow = (255, 255, 0)

# Botones disponibles
buttons = [red, green, blue, yellow]

# Inicialización de la pantalla
screen = pygame.display.set_mode((width, height))
pygame.display.set_caption("Simon Says")

clock = pygame.time.Clock()

# Funciones del juego
def generar_secuencia(longitud):
    return [random.choice(buttons) for _ in
range(longitud)]

def reproducir_secuencia(secuencia):
    for color in secuencia:
```

```python
        pygame.draw.rect(screen, color, (width //
2 - button_size // 2, height // 2 - button_size
// 2, button_size, button_size))
        pygame.display.flip()
        time.sleep(1 / fps)
        pygame.draw.rect(screen, black, (width //
2 - button_size // 2, height // 2 - button_size
// 2, button_size, button_size))
        pygame.display.flip()
        time.sleep(1 / fps)


def main():
    pygame.time.delay(1000)  # Pequeño retraso al
inicio

    while True:
        for event in pygame.event.get():
            if event.type == pygame.QUIT:
                pygame.quit()
                sys.exit()
            elif event.type ==
pygame.MOUSEBUTTONDOWN:
                x, y = pygame.mouse.get_pos()

                for i, button_color in
enumerate(buttons):
                    rect = pygame.Rect(
                      i * (button_size +
margin) + margin,
                        height // 2 - button_size
// 2,
                        button_size,
                        button_size
                    )
```

```python
                        if rect.collidepoint(x, y):
                            pygame.draw.rect(screen,
button_color, rect)
                            pygame.display.flip()
                            pygame.time.delay(100)
                            pygame.draw.rect(screen,
black, rect)
                            pygame.display.flip()


        secuencia = generar_secuencia(5)   #
Cambiar  la  longitud  según  sea  necesario
        reproducir_secuencia(secuencia)

if __name__ == "__main__":
    main()
```

Este código implementa un juego simple de "Simón Dice" en el que
el programa genera una secuencia de colores y el jugador debe
repetir la secuencia haciendo clic en los botones
correspondientes. Puedes personalizar el código, como cambiar la
longitud de la secuencia o agregar más colores.

2048

Ejercicio:

Un juego de rompecabezas deslizante donde el jugador combina números para alcanzar el 2048.

Solución:

Aquí tienes un ejemplo básico de cómo implementar el juego 2048 en Python utilizando la consola. Este juego se juega en una cuadrícula de 4x4, donde los números se deslizan hacia la dirección especificada (arriba, abajo, izquierda o derecha) y se combinan si son iguales al colisionar.

```python
import random

def inicializar_tablero():
    # Inicializar un tablero 4x4 con dos números
2 en posiciones aleatorias
    tablero = [[0] * 4 for _ in range(4)]
    colocar_numero(tablero)
    colocar_numero(tablero)
    return tablero

def colocar_numero(tablero):
```

```python
    # Colocar un nuevo número 2 en una posición
aleatoria del tablero
    disponibles = [(i, j) for i in range(4) for j
in range(4) if tablero[i][j] == 0]
    if disponibles:
        i, j = random.choice(disponibles)
        tablero[i][j] = 2

def imprimir_tablero(tablero):
    for fila in tablero:
        print(" ".join(str(num) if num != 0 else
"." for num in fila))
    print()

def combinar_numeros(fila):
    # Combinar números iguales en una fila hacia
la izquierda
    nueva_fila = []
    i = 0
    while i < len(fila):
        if i + 1 < len(fila) and fila[i] ==
fila[i + 1]:
            nueva_fila.append(fila[i] * 2)
            i += 2
        else:
            nueva_fila.append(fila[i])
            i += 1
    nueva_fila.extend([0] * (len(fila) -
len(nueva_fila)))
    return nueva_fila

def deslizar_hacia_izquierda(tablero):
    # Deslizar números hacia la izquierda y
combinar si es posible
    for i in range(4):
```

```python
        tablero[i] = combinar_numeros(tablero[i])

def transponer(tablero):
    # Transponer el tablero (intercambiar filas y
columnas)
    return [[tablero[j][i] for j in range(4)] for
i in range(4)]

def deslizar(tablero, direccion):
    # Deslizar el tablero en la dirección
especificada
    if direccion == "izquierda":
        deslizar_hacia_izquierda(tablero)
    elif direccion == "derecha":
        tablero = [fila[::-1] for fila in
tablero]
        deslizar_hacia_izquierda(tablero)
        tablero = [fila[::-1] for fila in
tablero]
    elif direccion == "arriba":
        tablero = transponer(tablero)
        deslizar_hacia_izquierda(tablero)
        tablero = transponer(tablero)
    elif direccion == "abajo":
        tablero = transponer(tablero)
        tablero = [fila[::-1] for fila in
tablero]
        deslizar_hacia_izquierda(tablero)
        tablero = [fila[::-1] for fila in
tablero]
        tablero = transponer(tablero)

def movimiento_valido(tablero, direccion):
    # Verificar si es posible realizar un
movimiento en la dirección especificada
```

```python
    tablero_temporal = [fila[:] for fila in
tablero]
    deslizar(tablero_temporal, direccion)
    return tablero_temporal != tablero

def juego_2048():
    tablero = inicializar_tablero()

    while True:
        imprimir_tablero(tablero)

        direccion = input("Ingrese la dirección
(arriba, abajo, izquierda, derecha): ").lower()
        if direccion not in ["arriba", "abajo",
"izquierda", "derecha"]:
            print("Dirección no válida. Intente
de nuevo.")
            continue

        if not movimiento_valido(tablero,
direccion):
            print("Movimiento no válido. Intente
de nuevo.")
            continue

        deslizar(tablero, direccion)
        colocar_numero(tablero)

        if any(2048 in fila for fila in tablero):
            imprimir_tablero(tablero)
            print("¡Felicidades! Has alcanzado el
número 2048. ¡Ganaste!")
            break
```

```python
        if all(any(num != 0 for num in fila) for
fila in tablero):
            imprimir_tablero(tablero)
            print("No hay más movimientos
posibles. ¡Fin del juego!")
            break

if __name__ == "__main__":
    juego_2048()
```

Este código implementa un juego simple de 2048 en la consola.
Puedes introducir "arriba", "abajo", "izquierda" o "derecha" para
deslizar los números en esa dirección. El juego continúa hasta que
alcanzas el número 2048 o no hay más movimientos posibles.

Ten en cuenta que este es un juego de consola, y no tiene una
interfaz gráfica. Puedes personalizar o expandir el código según
tus preferencias. ¡Espero que disfrutes del juego de 2048 en
Python!

Sudoku.

Ejercicio:

Crea un código que genera y resuelve sudokus.

Solución:

Aquí tienes un ejemplo de implementación de un juego de Sudoku en Python. Esta implementación utiliza una interfaz gráfica simple utilizando la biblioteca `pygame`. Asegúrate de tener la biblioteca `pygame` instalada antes de ejecutar el código:

pip install pygame

```python
import pygame
import sys
import copy

# Inicialización de pygame
pygame.init()

# Configuración del juego
width, height = 450, 450
cell_size = 50
```

```python
grid_size = 9
margin = 5
fps = 10

# Colores
black = (0, 0, 0)
white = (255, 255, 255)
blue = (100, 149, 237)

# Números iniciales del Sudoku
initial_board = [
    [5, 3, 0, 0, 7, 0, 0, 0, 0],
    [6, 0, 0, 1, 9, 5, 0, 0, 0],
    [0, 9, 8, 0, 0, 0, 0, 6, 0],
    [8, 0, 0, 0, 6, 0, 0, 0, 3],
    [4, 0, 0, 8, 0, 3, 0, 0, 1],
    [7, 0, 0, 0, 2, 0, 0, 0, 6],
    [0, 6, 0, 0, 0, 0, 2, 8, 0],
    [0, 0, 0, 4, 1, 9, 0, 0, 5],
    [0, 0, 0, 0, 8, 0, 0, 7, 9]
]

# Inicialización de la pantalla
screen = pygame.display.set_mode((width, height))
pygame.display.set_caption("Sudoku Solver")

clock = pygame.time.Clock()

# Funciones del juego
def draw_board(board):
    for i in range(grid_size):
        for j in range(grid_size):
            rect = pygame.Rect(
                j * (cell_size + margin),
                i * (cell_size + margin),
```

```python
                        cell_size,
                        cell_size
                    )

                    pygame.draw.rect(screen, white, rect)

                    if board[i][j] != 0:
                        font = pygame.font.Font(None, 36)
                        number =
font.render(str(board[i][j]), True, black)
                        number_rect =
number.get_rect(center=rect.center)
                        screen.blit(number, number_rect)

def solve_sudoku(board):
    empty = find_empty_cell(board)
    if not empty:
        return True  # Ya se resolvió el Sudoku

    row, col = empty

    for num in range(1, 10):
        if is_valid_move(board, row, col, num):
            board[row][col] = num

            if solve_sudoku(board):
                return True  # Si encuentra una
solución, termina la recursión

            board[row][col] = 0  # Deshace la
elección si no lleva a una solución

    return False  # No hay solución

def find_empty_cell(board):
```

```python
        for i in range(grid_size):
            for j in range(grid_size):
                if board[i][j] == 0:
                    return (i, j)
    return None

def is_valid_move(board, row, col, num):
    # Verifica si es válido colocar el número en
la posición especificada
    return (
        is_valid_row(board, row, num) and
        is_valid_col(board, col, num) and
        is_valid_box(board, row - row % 3, col -
col % 3, num)
    )

def is_valid_row(board, row, num):
    return num not in board[row]

def is_valid_col(board, col, num):
    return num not in [board[i][col] for i in
range(grid_size)]

def is_valid_box(board, start_row, start_col,
num):
    return num not in [
        board[start_row + i][start_col + j]
        for i in range(3)
        for j in range(3)
    ]

def main():
    board = copy.deepcopy(initial_board)

    solving = False
```

```python
    while True:
        for event in pygame.event.get():
            if event.type == pygame.QUIT:
                pygame.quit()
                sys.exit()
            elif event.type == pygame.KEYDOWN:
                if event.key == pygame.K_SPACE:
                    solving = not solving
                    if solving:
                        solve_sudoku(board)
            elif event.type ==
pygame.MOUSEBUTTONDOWN and not solving:
                x, y = pygame.mouse.get_pos()
                row = y // (cell_size + margin)
                col = x // (cell_size + margin)

                if 0 <= row < grid_size and 0 <=
col < grid_size and initial_board[row][col] == 0:
                    value = (board[row][col] + 1)
% 10
                    board[row][col] = value

        screen.fill(blue)
        draw_board(board)

        pygame.display.flip()
        clock.tick(fps)

if __name__ == "__main__":
    main()
```

Este código implementa un solucionador de Sudoku visualizado con pygame. Puedes ver la solución presionando la barra espaciadora. También puedes interactuar con la cuadrícula haciendo clic en las celdas para cambiar los números (solo las celdas que no son números iniciales).

Espero que encuentres útil este ejemplo de Sudoku en Python. ¡Disfruta resolviendo Sudokus!

Juego de Preguntas y Respuestas:

Ejercicio:

Crea un juego de trivia con preguntas y opciones de respuesta.

Solución:

Aquí hay un ejemplo simple de un juego de preguntas y respuestas
en Python. El juego consta de una lista de preguntas y respuestas,
y el jugador responde a cada pregunta. Puedes expandir este
ejemplo agregando más preguntas y respuestas.

```python
class Pregunta:
    def __init__(self, texto, opciones,
respuesta_correcta):
        self.texto = texto
        self.opciones = opciones
        self.respuesta_correcta =
respuesta_correcta

    def hacer_pregunta(self):
```

```python
        print(self.texto)
        for i, opcion in enumerate(self.opciones,
1):
            print(f"{i}. {opcion}")
        respuesta = input("Ingrese el número de
su respuesta: ")
        return
self.verificar_respuesta(respuesta)

    def verificar_respuesta(self, respuesta):
        try:
            opcion_elegida = int(respuesta)
            if 1 <= opcion_elegida <=
len(self.opciones):
                return
self.opciones[opcion_elegida - 1] ==
self.respuesta_correcta
            else:
                print("Opción inválida. Por
favor, ingrese un número válido.")
                return False
        except ValueError:
            print("Entrada no válida. Por favor,
ingrese un número.")
            return False


def jugar_juego(preguntas):
    puntaje = 0
    for pregunta in preguntas:
        if pregunta.hacer_pregunta():
            print("¡Correcto!\n")
            puntaje += 1
        else:
```

```python
        print(f"Incorrecto. La respuesta 
correcta es: {pregunta.respuesta_correcta}\n")
    print(f"Juego completado. Puntaje final: 
{puntaje}/{len(preguntas)}")


# Definir preguntas y respuestas
pregunta1 = Pregunta(
    "¿Cuál es la capital de Francia?",
    ["Roma", "Madrid", "París", "Berlín"],
    "París"
)

pregunta2 = Pregunta(
    "¿Cuál es el río más largo del mundo?",
    ["Amazonas", "Nilo", "Misisipi", "Ganges"],
    "Amazonas"
)

pregunta3 = Pregunta(
    "¿Cuál es el planeta más grande de nuestro 
sistema solar?",
    ["Tierra", "Júpiter", "Venus", "Saturno"],
    "Júpiter"
)

preguntas = [pregunta1, pregunta2, pregunta3]

# Jugar el juego
jugar_juego(preguntas)
```

Este código crea una clase `Pregunta` que tiene un texto de
pregunta, opciones y una respuesta correcta. Luego, se crea una

lista de preguntas y se juega el juego iterando sobre la lista de preguntas.

Puedes personalizar las preguntas y agregar más preguntas según tus preferencias. ¡Diviértete con tu juego de preguntas y respuestas en Python!

Conecta 4:

Ejercicio:

Implementa el juego de estrategia para dos jugadores.

Solución:

Aquí te dejo un ejemplo simple de cómo implementar el juego Conecta 4 en Python. Este código utiliza la consola para representar el tablero y las interacciones del jugador.

```python
class Conecta4:
    def __init__(self):
        self.tablero = [[0] * 7 for _ in
range(6)]
        self.turno_jugador = 1
        self.juego_terminado = False

    def imprimir_tablero(self):
        for fila in self.tablero:
            print("|", end=" ")
            for casilla in fila:
                if casilla == 0:
                    print(" ", end=" ")
                elif casilla == 1:
```

```python
                    print("X", end=" ")
                elif casilla == 2:
                    print("O", end=" ")
                print("|", end=" ")
            print()
        print("  1 2 3 4 5 6 7")

    def realizar_movimiento(self, columna):
        for i in range(5, -1, -1):
            if self.tablero[i][columna] == 0:
                self.tablero[i][columna] =
self.turno_jugador
                return True
        return False

    def verificar_victoria(self):
        # Verificar victoria en filas
        for i in range(6):
            for j in range(4):
                if (
                    self.tablero[i][j] ==
self.tablero[i][j + 1] == self.tablero[i][j + 2]
== self.tablero[i][j + 3] != 0
                ):
                    return True

        # Verificar victoria en columnas
        for i in range(3):
            for j in range(7):
                if (
                    self.tablero[i][j] ==
self.tablero[i + 1][j] == self.tablero[i + 2][j]
== self.tablero[i + 3][j] != 0
                ):
                    return True
```

```python
        # Verificar victoria en diagonales
ascendentes
        for i in range(3, 6):
            for j in range(4):
                if (
                    self.tablero[i][j] ==
self.tablero[i - 1][j + 1] == self.tablero[i -
2][j + 2] == self.tablero[i - 3][
                        j + 3
                    ]
                    != 0
                ):
                    return True

        # Verificar victoria en diagonales
descendentes
        for i in range(3):
            for j in range(4):
                if (
                    self.tablero[i][j] ==
self.tablero[i + 1][j + 1] == self.tablero[i +
2][j + 2] == self.tablero[i + 3][
                        j + 3
                    ]
                    != 0
                ):
                    return True

        return False

    def jugar(self):
        while not self.juego_terminado:
            self.imprimir_tablero()
```

```python
            columna = int(input(f"Jugador
{self.turno_jugador}, elige una columna (1-7):
")) - 1

            if 0 <= columna <= 6:
                if
self.realizar_movimiento(columna):
                    if self.verificar_victoria():
                        self.juego_terminado =
True
                        self.imprimir_tablero()
                        print(f"¡Jugador
{self.turno_jugador} ha ganado!")
                    else:
                        self.turno_jugador = 3 -
self.turno_jugador  # Cambiar turno (1 a 2, 2 a
1)
                else:
                    print("Columna llena. Elige
otra columna.")
            else:
                print("Número de columna
inválido. Elige una columna del 1 al 7.")

if __name__ == "__main__":
    juego = Conecta4()
    juego.jugar()
```

Este código crea una clase `Conecta4` que representa el juego
Conecta 4. El jugador puede elegir una columna (numerada del 1
al 7) para colocar su ficha. El juego verifica si hay cuatro fichas
conectadas en fila, columna o diagonal para determinar la victoria.

Puedes ejecutar este código en tu consola de Python y seguir las
instrucciones para jugar. ¡Espero que disfrutes del juego Conecta 4
en Python!

Rompecabezas Deslizante.

Ejercicio:

Crea un rompecabezas deslizante con una imagen.

Solución:

Aquí tienes un ejemplo simple de un juego de rompecabezas deslizante en Python. Este juego utiliza la biblioteca `pygame` para la interfaz gráfica. Asegúrate de tener la biblioteca `pygame` instalada antes de ejecutar el código:

pip install pygame

```python
import pygame
import sys
import random

# Inicialización de pygame
pygame.init()

# Configuración del juego
width, height = 300, 300
tile_size = 100
```

```python
margin = 5
rows, cols = 3, 3
fps = 60

# Colores
black = (0, 0, 0)
white = (255, 255, 255)


# Inicialización de la pantalla


screen = pygame.display.set_mode((width, height))
pygame.display.set_caption("Rompecabezas
Deslizante")

clock = pygame.time.Clock()

# Funciones del juego
def generar_rompecabezas():
    numbers = list(range(rows * cols))
    random.shuffle(numbers)
    puzzle = [numbers[i:i + cols] for i in
range(0, len(numbers), cols)]
    return puzzle

def dibujar_rompecabezas(puzzle):
    for i in range(rows):
        for j in range(cols):
            rect = pygame.Rect(
                j * (tile_size + margin),
                i * (tile_size + margin),
                tile_size,
                tile_size
            )
```

```python
            pygame.draw.rect(screen, white, rect)

            if puzzle[i][j] != 0:
                font = pygame.font.Font(None, 36)
                number =
font.render(str(puzzle[i][j]), True, black)
                number_rect =
number.get_rect(center=rect.center)
                screen.blit(number, number_rect)




def intercambiar_posiciones(puzzle, empty_row,
empty_col, target_row, target_col):
    puzzle[empty_row][empty_col],
puzzle[target_row][target_col] =
puzzle[target_row][target_col],
puzzle[empty_row][empty_col]

def mover_pieza_vacia(puzzle, empty_row,
empty_col, direction):
    target_row, target_col = empty_row, empty_col

    if direction == "left" and empty_col < cols -
1:
        target_col += 1
    elif direction == "right" and empty_col > 0:
        target_col -= 1
    elif direction == "up" and empty_row < rows -
1:
        target_row += 1
    elif direction == "down" and empty_row > 0:
        target_row -= 1
```

```python
        if target_row != empty_row or target_col !=
empty_col:
            intercambiar_posiciones(puzzle,
empty_row, empty_col, target_row, target_col)
            return True
    return False


def mezclar_rompecabezas(puzzle, moves):


    empty_row, empty_col = rows - 1, cols - 1  #
La posición vacía inicial está en la esquina
inferior derecha

    for _ in range(moves):
        direction = random.choice(["left",
"right", "up", "down"])
        mover_pieza_vacia(puzzle, empty_row,
empty_col, direction)

def juego_rompecabezas():
    puzzle = generar_rompecabezas()
    mezclar_rompecabezas(puzzle, 100)  # Mezclar
el rompecabezas antes de comenzar

    while True:
        for event in pygame.event.get():
            if event.type == pygame.QUIT:
                pygame.quit()
```

```python
                    sys.exit()
            elif event.type == pygame.KEYDOWN:
                if event.key == pygame.K_LEFT:
                    mover_pieza_vacia(puzzle,
rows - 1, cols - 1, "left")
                elif event.key == pygame.K_RIGHT:
                    mover_pieza_vacia(puzzle,
rows - 1, cols - 1, "right")
                elif event.key == pygame.K_UP:
                    mover_pieza_vacia(puzzle,
rows - 1, cols - 1, "up")
                elif event.key == pygame.K_DOWN:



                    mover_pieza_vacia(puzzle,
rows - 1, cols - 1, "down")

        screen.fill(black)
        dibujar_rompecabezas(puzzle)
        pygame.display.flip()
        clock.tick(fps)

if __name__ == "__main__":
    juego_rompecabezas()
```

Este código crea un juego de rompecabezas deslizante simple con
una interfaz gráfica utilizando pygame. Puedes mover las piezas
del rompecabezas vacío usando las teclas de flecha.

Carrera de Tortugas.

Ejercicio:

Crea un juego de apuestas en el que los jugadores eligen una tortuga y compiten.

Solución:

Aquí tienes un ejemplo simple de una carrera de tortugas en Python utilizando la biblioteca `turtle`. Asegúrate de tener la biblioteca `turtle` instalada antes de ejecutar el código:

```python
import turtle
import random

# Configuración de la pantalla
screen = turtle.Screen()
screen.title("Carrera de Tortugas")
screen.bgcolor("white")

# Creación de las tortugas
tortugas = []
colors = ["red", "blue", "green", "orange",
"purple", "brown"]
```

```python
for i in range(6):
    tortuga = turtle.Turtle()
    tortuga.shape("turtle")
    tortuga.color(colors[i])
    tortuga.penup()
    tortuga.goto(-200, 80 - i * 30)
    tortugas.append(tortuga)

# Línea de inicio
linea_inicio = turtle.Turtle()
linea_inicio.penup()
linea_inicio.goto(-200, 100)
linea_inicio.pendown()
linea_inicio.goto(-200, -100)

# Carrera de tortugas
ganador = None

while ganador is None:
    for tortuga in tortugas:
        avance = random.randint(1, 10)
        tortuga.forward(avance)

        if tortuga.xcor() >= 200:
            ganador = tortuga.color()[0]
            break

# Mensaje del ganador
mensaje = turtle.Turtle()
mensaje.penup()
mensaje.hideturtle()
mensaje.goto(0, 0)
mensaje.color("black")
```

```python
mensaje.write(f"¡La tortuga {ganador} ha 
ganado!", align="center", font=("Arial", 16, 
"normal"))

# Cierre de la ventana al hacer clic
screen.exitonclick()
```

Este código crea una carrera de tortugas utilizando la biblioteca
`turtle`. Cada tortuga tiene un color diferente y avanza
aleatoriamente en cada paso. La primera tortuga que llega a la
línea de meta es declarada ganadora.

Ejecuta este código y verás una animación de la carrera de
tortugas en una ventana de turtle. ¡Espero que disfrutes de la
carrera de tortugas en Python!

Atrapa la Manzana.

Crea un juego donde el jugador controla a una serpiente que trata de atrapar manzanas.

Solución:

Aquí tienes un ejemplo simple de un juego "Atrapa la Manzana" en Python utilizando la biblioteca `turtle`. Asegúrate de tener la biblioteca `turtle` instalada antes de ejecutar el código:

pip install PythonTurtle

```python
import turtle
import random

# Configuración de la pantalla
screen = turtle.Screen()
screen.title("Atrapa la Manzana")
screen.bgcolor("white")
screen.setup(width=600, height=600)

# Creación de la tortuga del jugador
```

```python
jugador = turtle.Turtle()
jugador.shape("turtle")
jugador.color("blue")
jugador.speed(0)
jugador.penup()
jugador.goto(0, -250)

# Creación de la manzana
manzana = turtle.Turtle()
manzana.shape("circle")
manzana.color("red")
manzana.speed(0)
manzana.penup()
manzana.goto(random.randint(-290, 290),
random.randint(100, 290))

# Velocidad del jugador
velocidad_jugador = 15

# Funciones del juego
def mover_izquierda():
    x = jugador.xcor()
    x -= velocidad_jugador
    if x < -290:
        x = -290
    jugador.setx(x)

def mover_derecha():
    x = jugador.xcor()
    x += velocidad_jugador
    if x > 290:
        x = 290
    jugador.setx(x)

# Eventos del teclado
```

```python
screen.listen()
screen.onkeypress(mover_izquierda, "Left")
screen.onkeypress(mover_derecha, "Right")

# Función para verificar la colisión
def verificar_colision(t1, t2):
    distancia = t1.distance(t2)
    if distancia < 20:
        return True
    return False

# Bucle principal del juego
while True:
    jugador.speed(0)
    jugador.forward(0)

    # Mover la manzana hacia abajo
    y = manzana.ycor()
    y -= 2
    manzana.sety(y)

    # Verificar si la manzana ha tocado el suelo
    if manzana.ycor() < -290:
        manzana.goto(random.randint(-290, 290),
random.randint(100, 290))

    # Verificar colisión entre el jugador y la
manzana
    if verificar_colision(jugador, manzana):
        manzana.goto(random.randint(-290, 290),
random.randint(100, 290))

    screen.update()

# Cierre de la ventana al hacer clic
```

```
screen.exitonclick()
```

Este juego "Atrapa la Manzana" utiliza la biblioteca `turtle`. El jugador puede mover la tortuga hacia la izquierda y la derecha para atrapar la manzana que cae desde la parte superior de la ventana. Cada vez que el jugador atrapa la manzana, esta se vuelve a colocar en una posición aleatoria.

Damas.

Ejercicio:

Implementa el juego de damas para dos jugadores.

Solución:

Aquí tienes un ejemplo simple de un juego de Damas en Python utilizando la biblioteca `turtle`. Asegúrate de tener la biblioteca `turtle` instalada antes de ejecutar el código:

```
pip install PythonTurtle
```

```python
import turtle

# Configuración de la pantalla
screen = turtle.Screen()
screen.title("Juego de Damas")
screen.bgcolor("white")
screen.setup(width=600, height=600)

# Creación de la tortuga para el tablero
tablero = turtle.Turtle()
tablero.hideturtle()
```

```python
tablero.speed(0)
tablero.penup()
tablero.goto(-240, 240)

# Tamaño de la casilla
casilla_size = 60

# Función para dibujar el tablero
def dibujar_tablero():
    colores = ["white", "gray"]
    for i in range(8):
        for j in range(8):
            color = colores[(i + j) % 2]
            tablero.color(color)
            tablero.begin_fill()
            for _ in range(4):
                tablero.forward(casilla_size)
                tablero.right(90)
            tablero.end_fill()
            tablero.forward(casilla_size)
        tablero.goto(-240, tablero.ycor() -
casilla_size)

# Dibujar el tablero al inicio
dibujar_tablero()

# Función para dibujar una pieza
def dibujar_pieza(color, x, y):
    turtle.penup()
    turtle.speed(0)
    turtle.goto(x, y)
    turtle.shape("circle")
    turtle.color(color)
    turtle.stamp()
```

```python
# Dibujar las piezas iniciales
piezas = []

for i in range(3):
    for j in range(8):
        if (i + j) % 2 != 0:
            dibujar_pieza("black", -240 + j *
casilla_size + casilla_size / 2, 240 - i *
casilla_size - casilla_size / 2)
            piezas.append((-240 + j *
casilla_size + casilla_size / 2, 240 - i *
casilla_size - casilla_size / 2, "black"))

for i in range(5, 8):
    for j in range(8):
        if (i + j) % 2 != 0:
            dibujar_pieza("white", -240 + j *
casilla_size + casilla_size / 2, 240 - i *
casilla_size - casilla_size / 2)
            piezas.append((-240 + j *
casilla_size + casilla_size / 2, 240 - i *
casilla_size - casilla_size / 2, "white"))

# Bucle principal
turtle.mainloop()
```

Este código utiliza la biblioteca `turtle` para dibujar el tablero y las piezas del juego de Damas. El tablero es un cuadrado 8x8 y las piezas se distribuyen en las filas superiores e inferiores.

Ten en cuenta que este código no implementa las reglas específicas del juego de Damas (movimientos, capturas, coronación, etc.). Puedes expandir el código para incluir la lógica del juego según tus necesidades.

¡Espero que disfrutes explorando y personalizando este código para crear tu propio juego de Damas en Python!

Calculadora de Palabras.

Ejercicio:

Crea un juego en el que los jugadores forman palabras a partir de un conjunto de letras.

Solución:

Para crear una calculadora de palabras simple en Python, puedes contar la cantidad de letras, palabras y oraciones en un texto. Aquí tienes un ejemplo básico que puedes utilizar como punto de partida:

```python
def calcular_palabras(texto):
    # Contar la cantidad de letras
    letras = sum(c.isalpha() for c in texto)

    # Contar la cantidad de palabras
    palabras = len(texto.split())

    # Contar la cantidad de oraciones (suponemos
que una oración termina con un punto, un signo de
exclamación o un signo de interrogación)
    oraciones = texto.count('.') +
texto.count('!') + texto.count('?')

    return letras, palabras, oraciones
```

```python
# Obtener la entrada del usuario
texto_usuario = input("Ingresa un texto: ")

# Calcular y mostrar los resultados
letras, palabras, oraciones = calcular_palabras(texto_usuario)
print(f"\nResultados:")
print(f"Número de letras: {letras}")
print(f"Número de palabras: {palabras}")
print(f"Número de oraciones: {oraciones}")
```

Este programa toma un texto ingresado por el usuario y calcula el número de letras, palabras y oraciones en ese texto. Ten en cuenta que este es un ejemplo simple y puede no ser completamente preciso, ya que no tiene en cuenta situaciones especiales o reglas gramaticales complejas.

Puedes expandir este código según tus necesidades y agregar más funcionalidades, como contar la frecuencia de cada palabra o realizar cálculos más avanzados relacionados con el texto.

Juego de Memoria Musical.

Ejercicio:

Crea un juego de memoria que reproduce secuencias musicales.

Solución:

Un juego de memoria musical puede ser una aplicación divertida para mejorar la memoria auditiva. Aquí hay un ejemplo simple en Python utilizando la biblioteca `pygame`. Asegúrate de tener la biblioteca `pygame` instalada antes de ejecutar el código:

pip install pygame

```python
import pygame
import random
import time

# Inicialización de pygame
pygame.init()

# Configuración del juego
screen_width = 800
screen_height = 600
note_size = 100
notes = ["C", "D", "E", "F", "G", "A", "B"]
```

```python
colors = [(255, 0, 0), (255, 165, 0), (255, 255, 0), (0, 128, 0), (0, 0, 255), (75, 0, 130), (148, 0, 211)]

# Configuración de la pantalla
screen = pygame.display.set_mode((screen_width, screen_height))
pygame.display.set_caption("Juego de Memoria Musical")

# Función para mostrar una nota
def mostrar_nota(nota, color, pos):
    pygame.draw.rect(screen, color, pos)
    font = pygame.font.Font(None, 36)
    text = font.render(nota, True, (255, 255, 255))
    screen.blit(text, (pos[0] + note_size // 2 - 10, pos[1] + note_size // 2 - 10))

# Función principal del juego
def juego_memoria_musical():
    secuencia = []
    intento_usuario = []

    while True:
        for event in pygame.event.get():
            if event.type == pygame.QUIT:
                pygame.quit()
                quit()

            # Generar una nueva nota en la secuencia
            nueva_nota = random.choice(notes)
            nueva_color = random.choice(colors)
```

```python
        secuencia.append((nueva_nota,
nueva_color))

        # Mostrar la secuencia al jugador
        screen.fill((255, 255, 255))
        pygame.display.flip()
        pygame.time.delay(500)

        for nota, color in secuencia:
            mostrar_nota(nota, color,
(screen_width // 2 - note_size // 2,
screen_height // 2 - note_size // 2))
            pygame.display.flip()
            pygame.time.delay(1000)
            screen.fill((255, 255, 255))
            pygame.display.flip()
            pygame.time.delay(500)

        # Permitir al usuario ingresar la
secuencia
        intento_usuario = []
        for i in range(len(secuencia)):
            for event in pygame.event.get():
                if event.type == pygame.KEYDOWN:
                    if event.key == pygame.K_c:

intento_usuario.append(("C", (255, 0, 0)))
                    elif event.key == pygame.K_d:

intento_usuario.append(("D", (255, 165, 0)))
                    elif event.key == pygame.K_e:

intento_usuario.append(("E", (255, 255, 0)))
```

```python
                elif event.key == pygame.K_f:

intento_usuario.append(("F", (0, 128, 0)))
                elif event.key == pygame.K_g:

intento_usuario.append(("G", (0, 0, 255)))
                elif event.key == pygame.K_a:

intento_usuario.append(("A", (75, 0, 130)))
                elif event.key == pygame.K_b:

intento_usuario.append(("B", (148, 0, 211)))

        # Verificar si la secuencia del jugador
es correcta
        if intento_usuario != secuencia:
            print("¡Secuencia incorrecta! Fin del
juego.")
            break

        # Limpiar la pantalla
        screen.fill((255, 255, 255))
        pygame.display.flip()
        pygame.time.delay(500)

    pygame.quit()

if __name__ == "__main__":
    juego_memoria_musical()
```

Este juego genera una secuencia de notas y colores aleatorios y luego muestra la secuencia al jugador. Después, el jugador tiene que repetir la secuencia ingresando las notas correspondientes usando las teclas "C", "D", "E", "F", "G", "A", "B". Si el jugador comete un error, el juego se detiene.

Ten en cuenta que este es un juego muy básico y puedes expandirlo agregando más características y mejoras según tus necesidades. ¡Espero que disfrutes del juego de memoria musical en Python!

Laberinto 3D

Ejercicio:

Genera un laberinto tridimensional que el jugador debe resolver.

Solución:

Crear un laberinto 3D puede ser un proyecto más avanzado y requiere el uso de bibliotecas gráficas tridimensionales. Una opción común para este tipo de proyectos en Python es utilizar `Pygame` con `PyOpenGL` para la representación 3D. Asegúrate de tener estas bibliotecas instaladas antes de ejecutar el código:

```
pip install pygame PyOpenGL
```

A continuación, te presento un ejemplo básico de un laberinto 3D utilizando `Pygame` y `PyOpenGL`. Ten en cuenta que este es un ejemplo simple, y puedes expandirlo según tus necesidades y añadir más características, como generación de laberintos, interactividad, etc.

```
import pygame
from pygame.locals import *
from OpenGL.GL import *
```

```python
from OpenGL.GLUT import *

# Configuración de la pantalla
width, height = 800, 600
pygame.display.set_mode((width, height),
DOUBLEBUF | OPENGL)
pygame.display.set_caption("Laberinto 3D")

# Posición de la cámara
camera_x, camera_y, camera_z = 0, 0, -5
camera_speed = 0.1

# Ángulo de rotación
rotation_angle = 0

# Función para dibujar el laberinto
def draw_maze():
    glBegin(GL_QUADS)
    # Pared frontal
    glColor3fv((0, 1, 0))
    glVertex3fv((1, -1, 1))
    glVertex3fv((-1, -1, 1))
    glVertex3fv((-1, 1, 1))
    glVertex3fv((1, 1, 1))

    # Pared trasera
    glColor3fv((0, 1, 0))
    glVertex3fv((1, -1, -1))
    glVertex3fv((-1, -1, -1))
    glVertex3fv((-1, 1, -1))
    glVertex3fv((1, 1, -1))

    # Pared izquierda
    glColor3fv((1, 0, 0))
    glVertex3fv((-1, -1, 1))
```

```python
        glVertex3fv((-1, -1, -1))
        glVertex3fv((-1, 1, -1))
        glVertex3fv((-1, 1, 1))

        # Pared derecha
        glColor3fv((1, 0, 0))
        glVertex3fv((1, -1, 1))
        glVertex3fv((1, -1, -1))
        glVertex3fv((1, 1, -1))
        glVertex3fv((1, 1, 1))

        # Pared superior
        glColor3fv((0, 0, 1))
        glVertex3fv((1, 1, 1))
        glVertex3fv((-1, 1, 1))
        glVertex3fv((-1, 1, -1))
        glVertex3fv((1, 1, -1))

        # Pared inferior
        glColor3fv((0, 0, 1))
        glVertex3fv((1, -1, 1))
        glVertex3fv((-1, -1, 1))
        glVertex3fv((-1, -1, -1))
        glVertex3fv((1, -1, -1))

    glEnd()

# Función principal del juego
def main():
    global camera_x, camera_y, camera_z,
rotation_angle

    while True:
        for event in pygame.event.get():
            if event.type == pygame.QUIT:
```

```python
                    pygame.quit()
                    quit()

            if event.type == pygame.KEYDOWN:
                if event.key == pygame.K_LEFT:
                    rotation_angle += 5
                elif event.key == pygame.K_RIGHT:
                    rotation_angle -= 5
                elif event.key == pygame.K_UP:
                    camera_x += camera_speed *
pygame.math.Vector3(1, 0,
0).rotate(-rotation_angle).x
                    camera_z += camera_speed *
pygame.math.Vector3(1, 0,
0).rotate(-rotation_angle).z
                elif event.key == pygame.K_DOWN:
                    camera_x -= camera_speed *
pygame.math.Vector3(1, 0,
0).rotate(-rotation_angle).x
                    camera_z -= camera_speed *
pygame.math.Vector3(1, 0,
0).rotate(-rotation_angle).z

        # Configuración de la cámara
        glMatrixMode(GL_PROJECTION)
        glLoadIdentity()
        gluPerspective(45, (width / height), 0.1,
50.0)
        glTranslatef(camera_x, camera_y,
camera_z)
        glRotatef(rotation_angle, 0, 1, 0)
        glMatrixMode(GL_MODELVIEW)

        # Limpieza de la pantalla
```

```python
        glClear(GL_COLOR_BUFFER_BIT |
GL_DEPTH_BUFFER_BIT)

        # Dibujar el laberinto
        draw_maze()

        # Actualizar la pantalla
        pygame.display.flip()
        pygame.time.wait(10)

if __name__ == "__main__":
    glEnable(GL_DEPTH_TEST)
    gluPerspective(45, (width / height), 0.1,
50.0)
    glTranslatef(0, 0, -5)

    main()
```

Este ejemplo muestra un laberinto 3D simple. El jugador puede moverse hacia adelante y hacia atrás y rotar la vista hacia la izquierda y la derecha. Este código utiliza `PyOpenGL` para la representación 3D y `Pygame` para la entrada del usuario.

Recuerda que este código es solo un punto de partida y puedes expandirlo agregando la lógica de generación del laberinto, obstáculos, puertas, etc. También puedes mejorar la estética y la interactividad según tus necesidades.

Preguntas y Respuestas sobre Python.

Ejercicio:

Crea un juego de trivia con preguntas y opciones de respuesta.

Solución:

```python
class Pregunta:
    def __init__(self, enunciado, opciones,
respuesta_correcta):
        self.enunciado = enunciado
        self.opciones = opciones
        self.respuesta_correcta =
respuesta_correcta

    def mostrar_pregunta(self):
        print(self.enunciado)
        for i, opcion in enumerate(self.opciones,
1):
            print(f"{i}. {opcion}")

    def verificar_respuesta(self,
respuesta_usuario):
        return respuesta_usuario.lower() ==
self.respuesta_correcta.lower()

def jugar_juego(preguntas):
```

```python
    puntaje = 0

    for pregunta in preguntas:
        pregunta.mostrar_pregunta()
        respuesta_usuario = input("Ingresa el
número de tu respuesta: ")

        if
pregunta.verificar_respuesta(respuesta_usuario):
            print("¡Respuesta correcta!\n")
            puntaje += 1
        else:
            print(f"Respuesta incorrecta. La
respuesta correcta era:
{pregunta.respuesta_correcta}\n")

    print(f"Fin del juego. Puntaje final:
{puntaje}/{len(preguntas)}")

if __name__ == "__main__":
    # Crear algunas preguntas
    pregunta1 = Pregunta("¿En qué año fue lanzada
la primera versión de Python?", ["1990", "1995",
"2000", "2005"], "1990")
    pregunta2 = Pregunta("¿Cuál es la función de
'print' en Python?", ["Imprimir en la pantalla",
"Realizar cálculos", "Definir variables", "Leer
archivos"], "Imprimir en la pantalla")
    pregunta3 = Pregunta("¿Cuál es el operador
para elevar a la potencia en Python?", ["^",
"**", "*", "//"], "**")

    # Crear una lista de preguntas
    preguntas = [pregunta1, pregunta2, pregunta3]
```

```python
# Jugar el juego
jugar_juego(preguntas)
```

Este código define una clase `Pregunta` que tiene un enunciado,
opciones y la respuesta correcta. Luego, hay una función
`jugar_juego` que permite al usuario responder a una serie de
preguntas y muestra el puntaje final al final del juego.

Puedes agregar más preguntas a la lista `preguntas` o personalizar
las preguntas y respuestas según tus preferencias. ¡Espero que
disfrutes del juego de preguntas y respuestas sobre Python!

Buscador de Palabras en Sopa de Letras.

Ejercicio:

Genera una sopa de letras con palabras ocultas relacionadas con Python.

Solución:

Aquí tienes un ejemplo simple de un buscador de palabras en una sopa de letras en Python. Este programa permite al usuario ingresar una sopa de letras y buscar palabras en ella:

```python
def mostrar_sopa_de_letras(sopa):
    for fila in sopa:
        print(" ".join(fila))
    print()

def buscar_palabra_horizontal(sopa, palabra):
    for fila in sopa:
        fila_concatenada = "".join(fila)
        if palabra in fila_concatenada:
            return True
    return False
```

```python
def buscar_palabra_vertical(sopa, palabra):
    for col in range(len(sopa[0])):
        columna_concatenada =
"".join(sopa[fila][col] for fila in
range(len(sopa)))
        if palabra in columna_concatenada:
            return True
    return False

def buscar_palabra_diagonal(sopa, palabra):
    for fila in range(len(sopa)):
        for col in range(len(sopa[0])):
            diagonal_concatenada =
"".join(sopa[fila + i][col + i] for i in
range(len(palabra)) if fila + i < len(sopa) and
col + i < len(sopa[0]))
            if palabra in diagonal_concatenada:
                return True
    return False

def buscar_palabra(sopa, palabra):
    return (
        buscar_palabra_horizontal(sopa, palabra)
or
        buscar_palabra_vertical(sopa, palabra) or
        buscar_palabra_diagonal(sopa, palabra)
    )

if __name__ == "__main__":
    # Ingresar la sopa de letras
    sopa_de_letras = [
        ["A", "B", "C", "D"],
        ["E", "F", "G", "H"],
        ["I", "J", "K", "L"],
```

```python
        ["M", "N", "O", "P"]
    ]

    # Mostrar la sopa de letras
    mostrar_sopa_de_letras(sopa_de_letras)

    # Pedir al usuario la palabra a buscar
    palabra_a_buscar = input("Ingresa la palabra
a buscar: ")

    # Buscar la palabra en la sopa de letras
    if buscar_palabra(sopa_de_letras,
palabra_a_buscar.upper()):
        print(f"¡Encontraste la palabra
'{palabra_a_buscar}' en la sopa de letras!")
    else:
        print(f"La palabra '{palabra_a_buscar}'
no se encontró en la sopa de letras.")
```

Este código define funciones para buscar palabras en direcciones horizontal, vertical y diagonal en una sopa de letras. Puedes personalizar la sopa de letras y probar diferentes palabras. ¡Espero que encuentres útil este ejemplo de buscador de palabras en sopa de letras en Python!

Juego de Memoria de Cartas.

Ejercicio:

Crea un juego donde los jugadores deben emparejar cartas con el mismo símbolo.

Solución:

Aquí tienes un ejemplo simple de un juego de memoria de cartas en Python. Este juego utiliza la biblioteca Pygame para la interfaz gráfica. Asegúrate de tener Pygame instalado antes de ejecutar el código:

```
pip install pygame
```

```python
import pygame
import random
import time

# Inicialización de Pygame
pygame.init()

# Configuración de la pantalla
WIDTH, HEIGHT = 800, 600
screen = pygame.display.set_mode((WIDTH, HEIGHT))
pygame.display.set_caption("Juego de Memoria de
Cartas")
```

```python
# Colores
BLACK = (0, 0, 0)
WHITE = (255, 255, 255)
RED = (255, 0, 0)

# Configuración de la carta
CARD_WIDTH, CARD_HEIGHT = 100, 150
GAP = 10

# Crear pares de cartas
cards = [1, 2, 3, 4, 5, 6, 7, 8] * 2
random.shuffle(cards)

# Estado del juego
flipped = [False] * len(cards)
first_card = None
second_card = None

# Función para dibujar las cartas
def draw_cards():
    x, y = GAP, GAP
    for i, card in enumerate(cards):
        if flipped[i]:
            pygame.draw.rect(screen, WHITE, (x,
y, CARD_WIDTH, CARD_HEIGHT))
            font = pygame.font.Font(None, 36)
            text = font.render(str(card), True,
BLACK)
            screen.blit(text, (x + CARD_WIDTH //
2 - 10, y + CARD_HEIGHT // 2 - 10))
        else:
            pygame.draw.rect(screen, RED, (x, y,
CARD_WIDTH, CARD_HEIGHT))
        x += CARD_WIDTH + GAP
```

```python
        if (i + 1) % 4 == 0:
            x = GAP
            y += CARD_HEIGHT + GAP

# Bucle principal del juego
running = True
while running:
    for event in pygame.event.get():
        if event.type == pygame.QUIT:
            running = False

        if event.type == pygame.MOUSEBUTTONDOWN:
            mouseX, mouseY =
pygame.mouse.get_pos()
            row = mouseY // (CARD_HEIGHT + GAP)
            col = mouseX // (CARD_WIDTH + GAP)
            index = row * 4 + col

            if not flipped[index]:
                flipped[index] = True

                if first_card is None:
                    first_card = index
                else:
                    second_card = index

                    if cards[first_card] !=
cards[second_card]:
                        time.sleep(1)
                        flipped[first_card] =
False
                        flipped[second_card] =
False

                    first_card = None
```

```python
        second_card = None

    # Limpiar la pantalla
    screen.fill(BLACK)

    # Dibujar las cartas
    draw_cards()

    # Actualizar la pantalla
    pygame.display.flip()

# Cerrar Pygame al salir
pygame.quit()
```

Este código crea un juego de memoria de cartas en el que debes hacer clic en las cartas para voltearlas y encontrar pares coincidentes. El juego utiliza la biblioteca Pygame para la interfaz gráfica.

Puedes personalizar este código según tus necesidades y agregar más características, como imágenes en lugar de números en las cartas, sonidos, o aumentar el número de cartas y hacer el juego más desafiante. ¡Espero que disfrutes del juego de memoria de cartas en Python!

Palabras Encadenadas.

Ejercicio:

Crea un juego donde los jugadores deben formar cadenas de palabras encadenadas por la última letra de la palabra anterior.

Solución:

El juego de Palabras Encadenadas implica que los jugadores mencionen palabras que comiencen con la letra final de la palabra mencionada por el jugador anterior. Aquí tienes un ejemplo simple en Python para jugar Palabras Encadenadas en consola:

```python
def palabras_encadenadas():
    print("Bienvenido al juego de Palabras
Encadenadas. Para salir, escribe 'exit'.")

    palabra_anterior = input("Jugador 1, ingresa
una palabra: ").lower()

    while True:
        palabra_siguiente = input("Jugador 2,
ingresa una palabra que comience con la última
letra de la palabra anterior: ").lower()

        if palabra_siguiente == 'exit':
            print("Gracias por jugar. ¡Hasta
luego!")
```

```python
        break

    if palabra_siguiente[0] !=
palabra_anterior[-1]:
            print("La palabra ingresada no sigue
la cadena. ¡Jugador 2 pierde!")
            break

    palabra_anterior = palabra_siguiente

if __name__ == "__main__":
    palabras_encadenadas()
```

Este código define una función `palabras_encadenadas` que
permite a dos jugadores jugar al juego de Palabras Encadenadas.
El jugador 1 ingresa una palabra, y luego el jugador 2 debe ingresar
una palabra que comience con la última letra de la palabra
ingresada por el jugador 1. El juego continúa hasta que uno de los
jugadores ingresa "exit" o si la palabra ingresada no sigue la
cadena.

Ejecuta el código y sigue las instrucciones para jugar al juego de
Palabras Encadenadas. Puedes personalizar el código o agregar
más características según tus preferencias.

Laberinto de Palabras.

Ejercicio:

Genera un laberinto de letras y desafía a los jugadores a encontrar palabras ocultas.

Solución:

Crear un laberinto de palabras puede ser un proyecto interesante. A continuación, te proporciono un ejemplo simple en Python que genera un laberinto de palabras. Ten en cuenta que este código es bastante básico y puedes expandirlo y mejorarlo según tus necesidades.

```python
import random

def generar_laberinto_palabras(palabras):
    laberinto = [[' ' for _ in range(10)] for _
in range(10)]

    for palabra in palabras:
        colocada = False

        while not colocada:
```

```python
            direccion =
random.choice(['horizontal', 'vertical'])
            if direccion == 'horizontal':
                fila = random.randint(0, 9)
                col = random.randint(0, 10 -
len(palabra))
                if all(laberinto[fila][col + i]
== ' ' for i in range(len(palabra))):
                    for i in range(len(palabra)):
                        laberinto[fila][col + i]
= palabra[i]
                    colocada = True
            else:
                fila = random.randint(0, 10 -
len(palabra))
                col = random.randint(0, 9)
                if all(laberinto[fila + i][col]
== ' ' for i in range(len(palabra))):
                    for i in range(len(palabra)):
                        laberinto[fila + i][col]
= palabra[i]
                    colocada = True

    return laberinto

def mostrar_laberinto(laberinto):
    for fila in laberinto:
        print(' '.join(fila))

if __name__ == "__main__":
    palabras = ["python", "java", "code", "maze",
"word"]

    laberinto_palabras =
generar_laberinto_palabras(palabras)
```

```python
print("Laberinto de Palabras:")
mostrar_laberinto(laberinto_palabras)
```

En este ejemplo, el código genera un laberinto de palabras colocando palabras en direcciones horizontal o vertical en un espacio de 10x10. Puedes personalizar la lista de palabras y la lógica del juego según tus necesidades. Este es solo un punto de partida, y puedes mejorar y expandir el código para hacer un juego más interactivo o con más características. ¡Espero que encuentres útil este ejemplo!

Rompecabezas de Números.

Ejercicio:

Crea un juego de lógica donde los jugadores deben completar un rompecabezas con números siguiendo ciertas reglas.

Solución:

Aquí tienes un ejemplo simple de un rompecabezas de números en Python. En este caso, se utiliza un rompecabezas de 8 números deslizantes en una cuadrícula de 3x3. Puedes mover los números hacia la posición vacía para intentar ordenarlos numéricamente. Este código utiliza la biblioteca Pygame para la interfaz gráfica, así que asegúrate de tenerla instalada antes de ejecutar el código:

pip install pygame

```python
import pygame
import sys
import random

# Inicialización de Pygame
pygame.init()

# Configuración del juego
WIDTH, HEIGHT = 300, 300
TILE_SIZE = 100
```

```python
FPS = 60

# Colores
WHITE = (255, 255, 255)
BLACK = (0, 0, 0)

# Números del rompecabezas
numbers = [1, 2, 3, 4, 5, 6, 7, 8, 0]  # 0
representa la posición vacía

# Posición inicial aleatoria
random.shuffle(numbers)

# Función para dibujar el rompecabezas
def draw_puzzle():
    for i, number in enumerate(numbers):
        row = i // 3
        col = i % 3
        x = col * TILE_SIZE
        y = row * TILE_SIZE

        pygame.draw.rect(screen, WHITE, (x, y,
TILE_SIZE, TILE_SIZE))
        if number != 0:
            font = pygame.font.Font(None, 36)
            text = font.render(str(number), True,
BLACK)
            screen.blit(text, (x + TILE_SIZE // 2
- 10, y + TILE_SIZE // 2 - 10))

# Función para intercambiar la posición de dos
números en el rompecabezas
def swap_numbers(index1, index2):
    numbers[index1], numbers[index2] =
numbers[index2], numbers[index1]
```

```python
# Función principal del juego
def main():
    global numbers

    clock = pygame.time.Clock()

    while True:
        for event in pygame.event.get():
            if event.type == pygame.QUIT:
                pygame.quit()
                sys.exit()

            if event.type == pygame.KEYDOWN:
                if event.key == pygame.K_UP:
                    empty_index =
numbers.index(0)
                    if empty_index - 3 >= 0:
                        swap_numbers(empty_index,
empty_index - 3)
                elif event.key == pygame.K_DOWN:
                    empty_index =
numbers.index(0)
                    if empty_index + 3 < 9:
                        swap_numbers(empty_index,
empty_index + 3)
                elif event.key == pygame.K_LEFT:
                    empty_index =
numbers.index(0)
                    if empty_index % 3 != 0:
                        swap_numbers(empty_index,
empty_index - 1)
                elif event.key == pygame.K_RIGHT:
                    empty_index =
numbers.index(0)
```

```python
                    if (empty_index + 1) % 3 !=
0:
                        swap_numbers(empty_index,
empty_index + 1)

        screen.fill(BLACK)
        draw_puzzle()
        pygame.display.flip()
        clock.tick(FPS)

if __name__ == "__main__":
    # Configuración de la pantalla
    screen = pygame.display.set_mode((WIDTH,
HEIGHT))
    pygame.display.set_caption("Rompecabezas de
Números")

    main()
```

Este código crea un rompecabezas de números deslizantes en una cuadrícula de 3x3. Puedes mover los números hacia la posición vacía utilizando las teclas de flecha. El objetivo es ordenar los números numéricamente.

Puedes personalizar y expandir este código según tus necesidades, como agregar más números al rompecabezas, cambiar la apariencia visual o agregar sonidos. ¡Espero que encuentres útil este ejemplo de rompecabezas de números en Python!

Atrapa la Bandera.

Ejercicio:

Implementa un juego de estrategia donde dos jugadores compiten por capturar la bandera del otro.

Solución:

Crear un juego de Atrapa la Bandera puede ser un proyecto emocionante. Aquí tienes un ejemplo básico en Python utilizando la biblioteca Pygame para la interfaz gráfica. Este ejemplo representa dos equipos en un campo y el objetivo es atrapar la bandera del equipo contrario sin ser atrapado.

Asegúrate de tener Pygame instalado antes de ejecutar el código:

pip install pygame

```python
import pygame
import sys
import random

# Inicialización de Pygame
pygame.init()

# Configuración del juego
WIDTH, HEIGHT = 800, 600
FPS = 60
```

```python
# Colores
WHITE = (255, 255, 255)
BLUE = (0, 0, 255)
RED = (255, 0, 0)

# Jugador
player_size = 50
player_speed = 5

# Bandera
flag_size = 30

# Función principal del juego
def main():
    clock = pygame.time.Clock()

    # Inicialización de jugadores y banderas
    player_blue = pygame.Rect(WIDTH // 4, HEIGHT
// 2 - player_size // 2, player_size,
player_size)
    player_red = pygame.Rect(3 * WIDTH // 4 -
player_size, HEIGHT // 2 - player_size // 2,
player_size, player_size)

    flag_blue = pygame.Rect(WIDTH // 8, HEIGHT //
2 - flag_size // 2, flag_size, flag_size)
    flag_red = pygame.Rect(7 * WIDTH // 8 -
flag_size, HEIGHT // 2 - flag_size // 2,
flag_size, flag_size)

    while True:
        for event in pygame.event.get():
            if event.type == pygame.QUIT:
                pygame.quit()
                sys.exit()
```

```python
        keys = pygame.key.get_pressed()
        if keys[pygame.K_LEFT] and player_blue.x
> 0:
            player_blue.x -= player_speed
        if keys[pygame.K_RIGHT] and player_blue.x
< WIDTH // 2 - player_size:
            player_blue.x += player_speed
        if keys[pygame.K_UP] and player_blue.y >
0:
            player_blue.y -= player_speed
        if keys[pygame.K_DOWN] and player_blue.y
< HEIGHT - player_size:
            player_blue.y += player_speed

        if keys[pygame.K_a] and player_red.x >
WIDTH // 2:
            player_red.x -= player_speed
        if keys[pygame.K_d] and player_red.x <
WIDTH - player_size:
            player_red.x += player_speed
        if keys[pygame.K_w] and player_red.y > 0:
            player_red.y -= player_speed
        if keys[pygame.K_s] and player_red.y <
HEIGHT - player_size:
            player_red.y += player_speed

        # Comprobar colisión con la bandera
        if player_blue.colliderect(flag_red):
            print("¡Equipo Azul ha atrapado la
bandera roja! ¡Gana el Equipo Azul!")
            pygame.quit()
            sys.exit()
        if player_red.colliderect(flag_blue):
```

```python
            print(";Equipo Rojo ha atrapado la
bandera azul! ¡Gana el Equipo Rojo!")
            pygame.quit()
            sys.exit()

        # Limpiar la pantalla
        screen.fill(WHITE)

        # Dibujar jugadores
        pygame.draw.rect(screen, BLUE,
player_blue)
        pygame.draw.rect(screen, RED, player_red)

        # Dibujar banderas
        pygame.draw.rect(screen, RED, flag_red)
        pygame.draw.rect(screen, BLUE, flag_blue)

        # Actualizar la pantalla
        pygame.display.flip()
        clock.tick(FPS)

if __name__ == "__main__":
    # Configuración de la pantalla
    screen = pygame.display.set_mode((WIDTH,
HEIGHT))
    pygame.display.set_caption("Atrapa la
Bandera")

    main()
```

En este ejemplo, los jugadores se mueven con las teclas de flecha
para el equipo azul y las teclas "W", "A", "S", "D" para el equipo rojo.
El objetivo es atrapar la bandera del equipo contrario y llevarla de
vuelta a su base.

Puedes personalizar y expandir este código según tus
necesidades, como agregar más jugadores, mejorar la lógica del
juego o cambiar la apariencia visual. ¡Espero que encuentres útil
este ejemplo de Atrapa la Bandera en Python!

Simulador de Granja.

Ejercicio:

Un juego simple que simula la gestión de una granja con plantaciones y animales.

Solución:

Crear un simulador de granja puede ser un proyecto divertido y educativo. Aquí tienes un ejemplo básico en Python utilizando la biblioteca Pygame para la interfaz gráfica. Este simulador permite al jugador cultivar cultivos, cuidar animales y gestionar una granja.

Asegúrate de tener Pygame instalado antes de ejecutar el código:

pip install pygame

```python
import pygame
import sys
import random

# Inicialización de Pygame
pygame.init()

# Configuración del juego
WIDTH, HEIGHT = 800, 600
FPS = 60
```

```python
# Colores
WHITE = (255, 255, 255)
GREEN = (0, 255, 0)
BROWN = (139, 69, 19)
BLACK = (0, 0, 0)

# Jugador
player_size = 50
player_speed = 5

# Cultivos
crop_size = 30
crops = []

# Animales
animal_size = 50
animals = []

# Función principal del juego
def main():
    clock = pygame.time.Clock()

    player = pygame.Rect(WIDTH // 2 - player_size // 2, HEIGHT // 2 - player_size // 2, player_size, player_size)

    while True:
        for event in pygame.event.get():
            if event.type == pygame.QUIT:
                pygame.quit()
                sys.exit()

        keys = pygame.key.get_pressed()
        if keys[pygame.K_LEFT] and player.x > 0:
```

```python
            player.x -= player_speed
        if keys[pygame.K_RIGHT] and player.x <
WIDTH - player_size:
            player.x += player_speed
        if keys[pygame.K_UP] and player.y > 0:
            player.y -= player_speed
        if keys[pygame.K_DOWN] and player.y <
HEIGHT - player_size:
            player.y += player_speed

        # Plantar cultivos
        if keys[pygame.K_SPACE]:
            crops.append(pygame.Rect(player.x +
player_size // 2 - crop_size // 2, player.y +
player_size // 2 - crop_size // 2, crop_size,
crop_size))

        # Añadir animales aleatorios
        if random.random() < 0.01:

animals.append(pygame.Rect(random.randint(0,
WIDTH - animal_size), random.randint(0, HEIGHT -
animal_size), animal_size, animal_size))

        # Comprobar colisión con cultivos y
animales
        for crop in crops:
            if player.colliderect(crop):
                crops.remove(crop)

        for animal in animals:
            if player.colliderect(animal):
                animals.remove(animal)

        # Limpiar la pantalla
```

```python
        screen.fill(GREEN)

        # Dibujar jugador
        pygame.draw.rect(screen, BROWN, player)

        # Dibujar cultivos
        for crop in crops:
            pygame.draw.rect(screen, BLACK, crop)

        # Dibujar animales
        for animal in animals:
            pygame.draw.rect(screen, WHITE,
animal)

        # Actualizar la pantalla
        pygame.display.flip()
        clock.tick(FPS)

if __name__ == "__main__":
    # Configuración de la pantalla
    screen = pygame.display.set_mode((WIDTH,
HEIGHT))
    pygame.display.set_caption("Simulador de
Granja")

    main()
```

En este ejemplo, el jugador se mueve con las teclas de flecha y puede plantar cultivos presionando la tecla de espacio. Los cultivos pueden ser recolectados por el jugador, y animales aleatorios aparecen en la pantalla. Si el jugador colisiona con un animal, este desaparece.

Puedes personalizar y expandir este código según tus necesidades, como agregar más tipos de cultivos, mejorar la lógica del juego, o cambiar la apariencia visual. ¡Espero que encuentres útil este ejemplo de simulador de granja en Python!

Juego de Rol textual.

Ejercicio:

Crea un juego de rol interactivo basado en texto donde los jugadores toman decisiones y avanzan en una historia.

Solución:

Crear un juego de rol textual es un proyecto fascinante que puede involucrar una amplia variedad de situaciones, personajes y elecciones. A continuación, te proporciono un ejemplo muy básico en Python para comenzar. Este juego presenta una breve historia y permite al jugador tomar decisiones que afectan el resultado.

import time

```
import time

def presentacion():
    print("Bienvenido al Juego de Rol Textual.")
    time.sleep(1)
    print("Te encuentras en un antiguo castillo
en busca de un tesoro legendario.")
    time.sleep(1)
```

```python
    print("En tu camino, te enfrentarás a
desafíos y tomarás decisiones que determinarán tu
destino.")
    time.sleep(1)
    print("¡Buena suerte!\n")

def eleccion_opciones(opciones):
    for i, opcion in enumerate(opciones, 1):
        print(f"{i}. {opcion}")

    while True:
        try:
            eleccion = int(input("Selecciona tu
elección: "))
            if 1 <= eleccion <= len(opciones):
                return eleccion
            else:
                print("Por favor, ingresa un
número válido.")
        except ValueError:
            print("Por favor, ingresa un número
válido.")

def capitulo1():
    print("Capítulo 1: El Comienzo")
    time.sleep(1)
    print("Te encuentras en una bifurcación en el
camino. ¿Hacia dónde te diriges?")
    opciones = ["Tomar el camino de la
izquierda.", "Tomar el camino de la derecha."]
    eleccion = eleccion_opciones(opciones)
```

```python
    if eleccion == 1:
        print("Decides tomar el camino de la
izquierda. Encuentras un puente roto.")


        time.sleep(1)
        print("¿Qué haces?")
        opciones = ["Intentar cruzar el puente
con cuidado.", "Buscar un camino alternativo."]
        eleccion = eleccion_opciones(opciones)

        if eleccion == 1:
            print("Logras cruzar el puente con
éxito.")
            return True
        else:
            print("Optas por buscar un camino
alternativo.")
            return False
    else:
        print("Optas por tomar el camino de la
derecha. Encuentras una puerta cerrada.")
        time.sleep(1)
        print("¿Cómo procedes?")
        opciones = ["Forzar la puerta.", "Buscar
una llave."]
        eleccion = eleccion_opciones(opciones)

        if eleccion == 1:
            print("Intentas forzar la puerta,
pero haces demasiado ruido. Un guardia te
descubre.")
            return False
```

```python
        else:
            print("Decides buscar una llave.
Encuentras una llave en el suelo cerca de la
puerta.")
            time.sleep(1)
            print("Usas la llave para abrir la
puerta.")
            return True


def capitulo2():
    print("\nCapítulo 2: La Cámara del Tesoro")
    time.sleep(1)
    print("Has llegado a la cámara del tesoro,
pero hay un dragón guardando el tesoro.")
    time.sleep(1)
    print("¿Cómo decides enfrentar al dragón?")
    opciones = ["Luchar contra el dragón.",
"Tratar de negociar con el dragón."]
    eleccion = eleccion_opciones(opciones)

    if eleccion == 1:
        print("Decides luchar contra el dragón.
¡Buena suerte!")
        # Aquí puedes implementar la lógica de
combate y el resultado.
        return True
    else:
        print("Optas por tratar de negociar con
el dragón. ¿Qué ofreces?")
        opciones = ["Oro y tesoros.", "Tu
habilidad para resolver acertijos."]
        eleccion = eleccion_opciones(opciones)
```

```python
        if eleccion == 1:
            print("Ofreces oro y tesoros al
dragón. El dragón acepta y te permite tomar el
tesoro.")
            return True
        else:
            print("Ofreces tu habilidad para
resolver acertijos. El dragón propone un
acertijo.")
            time.sleep(1)
            print("¿Cuánto es 2 + 2?")
            respuesta = input("Ingresa tu
respuesta: ")

            if respuesta == "4":
                print("Correcto. El dragón queda
impresionado y te permite tomar el tesoro.")
                return True
            else:
                print("Incorrecto. El dragón se
enfurece y te ataca.")
                return False

def final_feliz():
    print("\n¡Felicidades! Has completado tu
aventura y asegurado el tesoro legendario.")
    print("Eres reconocido como un héroe en todo
el reino.")
    print("¡Gracias por jugar!")

def final_tragico():
```

```python
    print("\nTu aventura llega a un final
trágico.")
    print("Aunque hiciste lo mejor que pudiste,
las decisiones tomadas llevaron a tu desgracia.")
    print("¡Mejor suerte en tu próxima
aventura!")

if __name__ == "__main__":
    presentacion()

    if capitulo1():
        if capitulo2():
            final_feliz()
        else:
            final_tragico()
    else:
        final_tragico()
```

Este es un juego de rol textual simple que consta de dos capítulos. Puedes expandir y modificar la historia, agregar más capítulos, mejorar la lógica del juego y la interfaz de usuario. ¡Espero que encuentres inspiración para crear tu propio juego de rol textual!

Dardos.

Ejercicio:

Simula un juego de dardos donde los jugadores intentan alcanzar ciertos objetivos en el tablero.

Solución:

Aquí tienes un ejemplo simple de un juego de dardos en Python que simula lanzamientos de dardos en un tablero y calcula los puntajes. Puedes ejecutar este código en un entorno de Python para jugar.

```python
import random

def lanzar_dardo():
    return random.randint(1, 20) * random.choice([1, -1])

def calcular_puntaje(total_puntaje, puntaje_dardo):
    if puntaje_dardo < 0 and total_puntaje - puntaje_dardo == 1:
        return total_puntaje
    else:
        return total_puntaje + puntaje_dardo
```

```python
def juego_de_dardos():
    print("¡Bienvenido al Juego de Dardos!")

    total_puntaje = 501
    lanzamientos = 0

    while total_puntaje > 0:
        lanzamientos += 1

        print(f"\nLanzamiento {lanzamientos}")
        print(f"Puntaje actual: {total_puntaje}")

        puntaje_dardo = lanzar_dardo()
        print(f"Puntaje del dardo:
{puntaje_dardo}")

        total_puntaje =
calcular_puntaje(total_puntaje, puntaje_dardo)

        if total_puntaje == 0:
            print(f"\n¡Felicidades! Has alcanzado
exactamente 0 en {lanzamientos} lanzamientos.")
            break
        elif total_puntaje < 0:
            print("\nTe has pasado del puntaje
objetivo. Intenta de nuevo.")
            break

    print("\n¡Gracias por jugar al Juego de
Dardos!")

if __name__ == "__main__":
```

En este juego de dardos, el jugador tiene como objetivo alcanzar exactamente 0 puntos en el menor número de lanzamientos posible. El puntaje de cada lanzamiento se determina aleatoriamente y puede ser positivo o negativo. El juego continúa hasta que el jugador alcanza exactamente 0 o se pasa del puntaje objetivo.

Cazador de Tesoros.

Ejercicio:

Crea un juego de exploración donde los jugadores buscan tesoros
en un mapa.

Solución:

Aquí tienes un ejemplo simple de un juego de "Cazador de
Tesoros" en Python utilizando la consola. Este juego permite al
jugador explorar diferentes lugares en busca de un tesoro
escondido. El objetivo es encontrar el tesoro antes de quedarse
sin intentos.

```python
import random

def imprimir_mapa(mapa, posicion_jugador):
    for i, fila in enumerate(mapa):
        for j, celda in enumerate(fila):
            if (i, j) == posicion_jugador:
                print("P", end=" ")
            elif celda == "T":
                print("T", end=" ")
            else:
                print(".", end=" ")
        print()

def generar_mapa(filas, columnas):
```

```python
    mapa = [["." for _ in range(columnas)] for _
in range(filas)]
    tesoro_fila = random.randint(0, filas - 1)
    tesoro_columna = random.randint(0, columnas -
1)
    mapa[tesoro_fila][tesoro_columna] = "T"
    return mapa, (tesoro_fila, tesoro_columna)

def calcular_distancia(posicion1, posicion2):
    fila1, columna1 = posicion1
    fila2, columna2 = posicion2
    distancia = abs(fila1 - fila2) + abs(columna1
- columna2)
    return distancia

def juego_cazador_de_tesoros(filas, columnas,
intentos):
    mapa, posicion_tesoro = generar_mapa(filas,
columnas)
    posicion_jugador = (0, 0)

    print("¡Bienvenido al juego de Cazador de
Tesoros!")
    print("Tu objetivo es encontrar el tesoro
escondido.")

    for _ in range(intentos):
        imprimir_mapa(mapa, posicion_jugador)

        fila = int(input("Ingresa la fila: "))
        columna = int(input("Ingresa la columna:
"))

        posicion_jugador = (fila, columna)
```

```python
        distancia_al_tesoro =
calcular_distancia(posicion_jugador,
posicion_tesoro)

        if distancia_al_tesoro == 0:
            print("¡Felicidades! Has encontrado
el tesoro. ¡Ganaste!")
            break
        else:
            print(f"Estás a {distancia_al_tesoro}
unidades de distancia del tesoro.")

    else:
        print("Te has quedado sin intentos.
¡Buena suerte la próxima vez!")

if __name__ == "__main__":
    filas = 5
    columnas = 5
    intentos = 3

    juego_cazador_de_tesoros(filas, columnas,
intentos)
```

Este juego de "Cazador de Tesoros" te pide que ingreses filas y columnas para moverte en un mapa en busca del tesoro. Tienes un número limitado de intentos para encontrar el tesoro escondido. Cada vez que intentas encontrar el tesoro, el juego te dará una pista sobre la distancia al tesoro.

Puedes personalizar los parámetros del juego, como el tamaño del mapa y el número de intentos, según tus preferencias. ¡Diviértete cazando tesoros!

Juego de Preguntas de Ciencia.

Ejercicio:

Crea una trivia centrada en preguntas científicas para poner a prueba el conocimiento de ciencias.

Solución:

Aquí tienes un ejemplo básico de un juego de preguntas de ciencia en Python. Este juego hace preguntas de opción múltiple relacionadas con la ciencia y le permite al jugador seleccionar la respuesta correcta.

```python
import random

class Pregunta:
    def __init__(self, enunciado, opciones,
respuesta_correcta):
        self.enunciado = enunciado
        self.opciones = opciones
        self.respuesta_correcta =
respuesta_correcta

def presentar_pregunta(pregunta):
    print(pregunta.enunciado)
```

```python
    for i, opcion in enumerate(pregunta.opciones,
1):
        print(f"{i}. {opcion}")
    respuesta_usuario = input("Selecciona tu
respuesta (1-4): ")
    return int(respuesta_usuario)

def verificar_respuesta(pregunta,
respuesta_usuario):
    return pregunta.opciones[respuesta_usuario -
1] == pregunta.respuesta_correcta

def jugar_juego_preguntas(ciencia_preguntas):
    puntaje = 0
    random.shuffle(ciencia_preguntas)

    for pregunta in ciencia_preguntas:
        respuesta_usuario =
presentar_pregunta(pregunta)
        if verificar_respuesta(pregunta,
respuesta_usuario):
            print("¡Respuesta correcta!\n")
            puntaje += 1
        else:
            print(f"Respuesta incorrecta. La
respuesta correcta era:
{pregunta.respuesta_correcta}\n")

    print(f"Tu puntaje final es:
{puntaje}/{len(ciencia_preguntas)}")

if __name__ == "__main__":
    # Ejemplo de preguntas de ciencia
```

```python
    pregunta1 = Pregunta("¿Cuál es la capital de
Francia?", ["Berlín", "París", "Londres",
"Madrid"], "París")
    pregunta2 = Pregunta("¿Cuál es el símbolo
químico del oxígeno?", ["O", "Ox", "Oy", "Oz"],
"O")
    pregunta3 = Pregunta("¿Cuántos planetas hay
en nuestro sistema solar?", ["8", "9", "10",
"7"], "8")
    pregunta4 = Pregunta("¿Qué elemento químico
tiene el número atómico 79?", ["Oro", "Plata",
"Cobre", "Hierro"], "Oro")

    ciencia_preguntas = [pregunta1, pregunta2,
pregunta3, pregunta4]

    print("¡Bienvenido al Juego de Preguntas de
Ciencia!\n")
    jugar_juego_preguntas(ciencia_preguntas)
```

Este código crea un juego simple de preguntas de ciencia con cuatro preguntas de opción múltiple. Puedes expandir la lista de preguntas y agregar más detalles al juego según tus preferencias.

¡Diviértete jugando y aprendiendo con este juego de preguntas de ciencia!

Juego de Monstruos.

Ejercicio:

Crea un juego donde los jugadores deben enfrentarse a diferentes monstruos y mejorar sus habilidades.

Solución:

Aquí tienes un ejemplo básico de un juego de monstruos en Python. En este juego, el jugador tiene que luchar contra monstruos y ganar puntos de experiencia para avanzar de nivel. Puedes personalizar y expandir el juego según tus preferencias.

```python
import random

class Jugador:
    def __init__(self, nombre):
        self.nombre = nombre
        self.nivel = 1
        self.experiencia = 0
        self.salud = 100

    def atacar(self):
        return random.randint(10, 20) *
self.nivel

    def recibir_dano(self, dano):
        self.salud -= dano
```

```python
    def ganar_experiencia(self, puntos):
        self.experiencia += puntos
        if self.experiencia >= self.nivel * 100:
            self.nivel += 1
            self.salud = 100
            print(f"Felicidades, {self.nombre}!
Has subido al nivel {self.nivel}.")

class Monstruo:
    def __init__(self, nombre, nivel):
        self.nombre = nombre
        self.nivel = nivel
        self.salud = nivel * 10

    def atacar(self):
        return random.randint(5, 15) * self.nivel

    def recibir_dano(self, dano):
        self.salud -= dano

def enfrentar_monstruo(jugador, monstruo):
    print(f"\n¡Te encuentras con un
{monstruo.nombre} de nivel {monstruo.nivel}!")

    while jugador.salud > 0 and monstruo.salud >
0:
        print(f"\n{jugador.nombre} (Nivel
{jugador.nivel}) - Salud: {jugador.salud}")
        print(f"{monstruo.nombre} (Nivel
{monstruo.nivel}) - Salud: {monstruo.salud}\n")

        accion = input("¿Qué haces?
(atacar/huir): ")
```

```python
        if accion.lower() == "atacar":
            dano_jugador = jugador.atacar()
            monstruo.recibir_dano(dano_jugador)
            print(f"¡Has infligido {dano_jugador}
de daño al {monstruo.nombre}!")

            dano_monstruo = monstruo.atacar()
            jugador.recibir_dano(dano_monstruo)
            print(f"¡El {monstruo.nombre} te ha
infligido {dano_monstruo} de daño!")

        elif accion.lower() == "huir":
            print(f"¡Has decidido huir del
{monstruo.nombre}!")
            break

        else:
            print("Acción no válida. Inténtalo de
nuevo.")

    if jugador.salud > 0:
        experiencia_ganada = monstruo.nivel * 20
        jugador.ganar_experiencia(experiencia_ganada)
        print(f"¡Has derrotado al
{monstruo.nombre} y ganado {experiencia_ganada}
de experiencia!")
    else:
        print("¡Te derrotaron! Game Over.")

if __name__ == "__main__":
    nombre_jugador = input("Ingresa tu nombre: ")
    jugador_principal = Jugador(nombre_jugador)

    while jugador_principal.salud > 0:
```

```python
    nivel_monstruo = jugador_principal.nivel
    monstruo_aleatorio = Monstruo("Monstruo",
nivel_monstruo)

    enfrentar_monstruo(jugador_principal,
monstruo_aleatorio)

    continuar = input("¿Quieres continuar
enfrentando monstruos? (si/no): ")
    if continuar.lower() != "si":
        print("¡Gracias por jugar!")
        break
```

En este juego, el jugador se enfrenta a un monstruo aleatorio en cada nivel y tiene la opción de atacar o huir. El jugador gana experiencia por cada victoria y sube de nivel. Puedes expandir este juego agregando más monstruos, habilidades para el jugador, elementos y otras características según tus preferencias. ¡Diviértete enfrentando monstruos!

Escape Room Textual.

Ejercicio:

Diseña un juego estilo escape room en formato de texto con acertijos y desafíos.

Solución:

Aquí tienes un ejemplo básico de un juego de Escape Room Textual en Python. En este juego, el jugador se encuentra atrapado en una habitación y debe resolver acertijos para encontrar la salida. Puedes expandir y personalizar el juego según tus preferencias.

```python
import time

class EscapeRoom:
    def __init__(self):
        self.acertijos = [
            {"enunciado": "Cuanto más seca está,
más mojada se pone. ¿Qué es?",
             "respuesta": "toalla"},
            {"enunciado": "Tiene ciudades, pero
no casas. Tiene montañas, pero no árboles. ¿Qué
es?",
             "respuesta": "mapa"},
            {"enunciado": "¿Qué tiene llaves pero
no abre cerraduras?",
```

```python
        "respuesta": "piano"}
        ]
        self.pistas = [
            "La respuesta está relacionada con
algo que usas para secarte después de lavarte las
manos.",
            "Es algo que a menudo se usa para
encontrar ubicaciones geográficas.",
            "Es un instrumento musical."
        ]
        self.habitacion = "Sala de Escape"
        self.intentos = 0

    def presentar_acertijo(self):
        acertijo_actual =
self.acertijos[self.intentos]
        print(f"\nBienvenido a la
{self.habitacion}.\n")
        time.sleep(1)
        print(acertijo_actual["enunciado"])
        respuesta_usuario = input("\nIngresa tu
respuesta: ").lower()
        return respuesta_usuario

    def verificar_respuesta(self,
respuesta_usuario):
        acertijo_actual =
self.acertijos[self.intentos]
        return respuesta_usuario ==
acertijo_actual["respuesta"]

    def dar_pista(self):
        pista_actual = self.pistas[self.intentos]
        print(f"\nPista: {pista_actual}\n")
```

```python
    def jugar(self):
        while self.intentos <
len(self.acertijos):
            respuesta_usuario =
self.presentar_acertijo()

            if
self.verificar_respuesta(respuesta_usuario):
                print("\n¡Correcto! Has resuelto
el acertijo.")
                self.intentos += 1

                if self.intentos <
len(self.acertijos):
                    continuar = input("¿Quieres
pasar a la siguiente habitación? (si/no):
").lower()
                    if continuar != "si":
                        print("¡Gracias por
jugar!")
                        break
                    else:
                        self.habitacion = f"Sala
de Escape {self.intentos + 1}"
                else:
                    print("\n¡Felicidades! Has
escapado de todas las habitaciones.")
                    break
            else:
                print("\nRespuesta incorrecta.
Intenta de nuevo o pide una pista.")
                opcion = input("¿Quieres una
pista? (si/no): ").lower()
                if opcion == "si":
                    self.dar_pista()
```

```python
if __name__ == "__main__":
    juego_escape_room = EscapeRoom()
    print("¡Bienvenido al Escape Room
Textual!\n")
    juego_escape_room.jugar()
```

En este juego, el jugador se enfrenta a una serie de acertijos en diferentes habitaciones. El objetivo es resolver cada acertijo para avanzar a la siguiente habitación y, finalmente, escapar del escape room. Puedes agregar más acertijos, habitaciones y pistas según tus preferencias para hacer el juego más desafiante y entretenido. ¡Espero que disfrutes del Escape Room Textual!

Juego de Dados.

Ejercicio:

Implementa un juego de dados con reglas personalizadas y apuestas.

Solución:

Aquí tienes un ejemplo simple de un juego de dados en Python para dos jugadores. En este juego, los jugadores lanzan dados y el jugador con la suma más alta gana. Puedes personalizar y expandir el juego según tus preferencias.

```python
import random

def lanzar_dado():
    return random.randint(1, 6)

def jugar_juego_de_dados():
    print("¡Bienvenido al Juego de Dados!\n")

    jugador1 = input("Ingrese el nombre del
Jugador 1: ")
    jugador2 = input("Ingrese el nombre del
Jugador 2: ")
```

```python
    resultado_jugador1 = lanzar_dado() +
lanzar_dado()
    resultado_jugador2 = lanzar_dado() +
lanzar_dado()

    print(f"\n{jugador1} ha lanzado los dados.
Resultado: {resultado_jugador1}")
    print(f"{jugador2} ha lanzado los dados.
Resultado: {resultado_jugador2}\n")

    if resultado_jugador1 > resultado_jugador2:
        print(f"{jugador1} gana.")
    elif resultado_jugador1 < resultado_jugador2:
        print(f"{jugador2} gana.")
    else:
        print("¡Es un empate!")

if __name__ == "__main__":
    jugar_juego_de_dados()
```

En este juego, cada jugador lanza dos dados y se suman los
resultados. El jugador con la suma más alta gana. Puedes
modificar el número de dados, la cantidad de caras en cada dado
o agregar más funcionalidades según tus preferencias.

Carrera de Autos.

Ejercicio:

Simula una carrera de autos donde los jugadores pueden elegir diferentes vehículos y competir.

Solución:

Aquí tienes un ejemplo simple de un juego de Carrera de Autos en Python. En este juego, dos autos compiten y avanzan en el tablero según tiradas de dados. Puedes personalizar y expandir el juego según tus preferencias.

```python
import random
import time

class CarreraDeAutos:
    def __init__(self, longitud_pista):
        self.longitud_pista = longitud_pista
        self.posicion_auto1 = 0
        self.posicion_auto2 = 0

    def lanzar_dado(self):
        return random.randint(1, 6)
```

```python
    def avanzar_auto(self, posicion_auto):


        avance = self.lanzar_dado() * 2  # Multiplicar por 2 para un avance más rápido
        return min(posicion_auto + avance, self.longitud_pista)

    def imprimir_tablero(self):
        print("Tablero de Carrera:")
        print(f"Auto 1: {'-' * self.posicion_auto1}A{'-' * (self.longitud_pista - self.posicion_auto1)}")
        print(f"Auto 2: {'-' * self.posicion_auto2}B{'-' * (self.longitud_pista - self.posicion_auto2)}\n")

    def jugar(self):
        print("¡Bienvenido a la Carrera de Autos!\n")

        while self.posicion_auto1 < self.longitud_pista and self.posicion_auto2 < self.longitud_pista:
            input("Presiona Enter para lanzar los dados...")
            self.posicion_auto1 = self.avanzar_auto(self.posicion_auto1)
            self.posicion_auto2 = self.avanzar_auto(self.posicion_auto2)

            self.imprimir_tablero()
            time.sleep(1)  # Pausa para una mejor visualización
```

```python
        if self.posicion_auto1 >=
self.longitud_pista and self.posicion_auto2 >=
self.longitud_pista:
            print("¡Es un empate!")
        elif self.posicion_auto1 >=
self.longitud_pista:
            print("¡El Auto 1 ha ganado!")
        else:
            print("¡El Auto 2 ha ganado!")

if __name__ == "__main__":
    longitud_pista = 30  # Puedes ajustar la
longitud de la pista según tus preferencias
    carrera = CarreraDeAutos(longitud_pista)
    carrera.jugar()
```

En este juego, los autos avanzan en la pista de carrera después de cada lanzamiento de dados. Puedes ajustar la longitud de la pista y experimentar con otros elementos del juego, como agregar obstáculos o potenciadores, según tus preferencias.

Memoria Fotográfica.

Ejercicio:

Crea un juego de memoria que utiliza imágenes en lugar de cartas.

Solución:

Aquí tienes un ejemplo simple de un juego de Memoria Fotográfica en Python. En este juego, el jugador debe recordar la posición de las imágenes emparejadas. Puedes personalizar y expandir el juego según tus preferencias.

```python
import random
import time

def generar_tablero(filas, columnas):
    numeros = list(range(1, (filas * columnas) //
2 + 1))
    imagenes = numeros * 2
    random.shuffle(imagenes)

    tablero = []
    for _ in range(filas):
        fila = []
        for _ in range(columnas):
            imagen = imagenes.pop()
            fila.append(imagen)
```

```python
        tablero.append(fila)

    return tablero

def imprimir_tablero(tablero, seleccionadas):
    for fila in tablero:
        for imagen in fila:
            if imagen in seleccionadas:
                print("X", end=" ")
            else:
                print(imagen, end=" ")
        print()

def jugar_juego_memoria(filas, columnas):
    tablero = generar_tablero(filas, columnas)
    seleccionadas = []

    print("¡Bienvenido al Juego de Memoria
Fotográfica!\n")

    while len(seleccionadas) < filas * columnas:
        imprimir_tablero(tablero, seleccionadas)
        primera_seleccion =
obtener_seleccion(tablero, seleccionadas)
        segunda_seleccion =
obtener_seleccion(tablero, seleccionadas)

        if
tablero[primera_seleccion[0]][primera_seleccion[1
]] ==
tablero[segunda_seleccion[0]][segunda_seleccion[1
]]:
            print("¡Encontraste un par!")
```

```python
seleccionadas.extend([primera_seleccion, 
segunda_seleccion])
        else:
            print("No es un par. Inténtalo de 
nuevo.")
            time.sleep(2)

    print("\n¡Felicidades! Has encontrado todos 
los pares.")

def obtener_seleccion(tablero, seleccionadas):
    while True:
        fila = int(input("\nIngresa el número de 
fila (1 - N): ")) - 1
        columna = int(input("Ingresa el número de 
columna (1 - M): ")) - 1

        if (fila, columna) not in seleccionadas:
            return fila, columna
        else:
            print("Ya has seleccionado esa 
posición. Intenta de nuevo.")

if __name__ == "__main__":
    filas = 4
    columnas = 4

    jugar_juego_memoria(filas, columnas)
```

Este juego de Memoria Fotográfica genera un tablero con
imágenes emparejadas y le pide al jugador que seleccione las
posiciones para encontrar los pares. Puedes ajustar el tamaño del
tablero y personalizar las imágenes según tus preferencias.

Simulador de Aeropuerto.

Ejercicio:

Gestiona un aeropuerto virtual, asignando vuelos y gestionando recursos.

Solución:

Crear un simulador de aeropuerto puede ser un proyecto bastante interesante y complejo, pero aquí te proporcionaré un ejemplo simple en Python para darte una idea. Este simulador simula la llegada y salida de aviones en un aeropuerto.

```python
import random
import time

class Aeropuerto:
    def __init__(self):
        self.aviones_en_tierra = []
        self.aviones_en_aire = []

    def llegada_avion(self):
        nuevo_avion = {"ID":
len(self.aviones_en_tierra) + 1, "Estado": "En
tierra"}
```

```python
self.aviones_en_tierra.append(nuevo_avion)
        print(f"\nNuevo avión en tierra. ID: 
{nuevo_avion['ID']}")
        time.sleep(1)

    def salida_avion(self):
        if self.aviones_en_tierra:
            avion_salida = 
self.aviones_en_tierra.pop(0)
            avion_salida["Estado"] = "En aire"

self.aviones_en_aire.append(avion_salida)
            print(f"\nAvión despegando. ID: 
{avion_salida['ID']}")
            time.sleep(1)
        else:
            print("\nNo hay aviones en tierra 
para despegar.")
            time.sleep(1)

    def mostrar_estado(self):
        print("\nEstado del Aeropuerto:")
        print(f"Aviones en tierra: 
{len(self.aviones_en_tierra)}")
        print(f"Aviones en aire: 
{len(self.aviones_en_aire)}\n")

def simular_aeropuerto():
    aeropuerto = Aeropuerto()
    print("¡Bienvenido al Simulador de 
Aeropuerto!\n")

    while True:
        print("1. Llegada de avión")
```

```python
        print("2. Salida de avión")
        print("3. Mostrar estado del aeropuerto")
        print("4. Salir")

        opcion = input("\nSelecciona una opción
(1-4): ")

        if opcion == "1":
            aeropuerto.llegada_avion()
        elif opcion == "2":
            aeropuerto.salida_avion()
        elif opcion == "3":
            aeropuerto.mostrar_estado()
        elif opcion == "4":
            print("¡Gracias por utilizar el
Simulador de Aeropuerto!")
            break
        else:
            print("Opción no válida. Inténtalo de
nuevo.")

if __name__ == "__main__":
    simular_aeropuerto()
```

Este simulador de aeropuerto tiene tres acciones principales: llegada de aviones, salida de aviones y mostrar el estado del aeropuerto. Puedes personalizar y expandir este simulador agregando más funcionalidades, como rutas de vuelo, pasajeros, tipos de aviones, etc.

Juego de Caza de Zombis.

Ejercicio:

Crea un juego de supervivencia donde los jugadores deben enfrentarse a hordas de zombis.

Solución:

Aquí te dejo un ejemplo simple de un juego de caza de zombis en Python. Este juego simula la interacción entre un jugador y zombis en un entorno 2D. Puedes expandir y personalizar el juego según tus preferencias.

```python
import random

class Jugador:
    def __init__(self, nombre, salud=100,
municion=20):
        self.nombre = nombre
        self.salud = salud
        self.municion = municion

    def disparar(self):
        if self.municion > 0:
            self.municion -= 1
            dano = random.randint(10, 20)
            return dano
        else:
```

```python
            print("¡Sin municiones!")
            return 0

    def recibir_dano(self, dano):
        self.salud -= dano
        if self.salud < 0:
            self.salud = 0

    def mostrar_estado(self):
        print(f"{self.nombre} - Salud:
{self.salud}, Municiones: {self.municion}")

class Zombi:
    def __init__(self):
        self.salud = random.randint(10, 20)
        self.dano = random.randint(5, 15)

    def recibir_dano(self, dano):
        self.salud -= dano
        if self.salud < 0:
            self.salud = 0

def juego_caza_zombis():
    print("¡Bienvenido al Juego de Caza de
Zombis!\n")

    nombre_jugador = input("Ingresa tu nombre: ")
    jugador = Jugador(nombre_jugador)
    zombis = [Zombi() for _ in range(5)]

    while jugador.salud > 0 and any(zombi.salud >
0 for zombi in zombis):
        jugador.mostrar_estado()
```

```python
    accion = input("\n¿Qué quieres hacer?
(disparar/salir): ").lower()

    if accion == "disparar":
        dano_jugador = jugador.disparar()
        if dano_jugador > 0:
            zombi_objetivo =
random.choice([zombi for zombi in zombis if
zombi.salud > 0])

zombi_objetivo.recibir_dano(dano_jugador)
            print(f"¡Has causado
{dano_jugador} de daño al zombi!")
        else:
            print("¡Te has quedado sin
municiones!")

        for zombi in zombis:
            if zombi.salud > 0:
                dano_zombi = zombi.dano

jugador.recibir_dano(dano_zombi)
                print(f"¡El zombi te ha
atacado! Has recibido {dano_zombi} de daño.")

    elif accion == "salir":
        print("¡Gracias por jugar!")
        break
    else:
        print("Acción no válida. Intenta de
nuevo.")

 if jugador.salud <= 0:
    print("¡Te han atrapado los zombis! Game
Over.")
```

```python
    else:
        print("¡Felicidades! Has sobrevivido a la
caza de zombis.")

if __name__ == "__main__":
    juego_caza_zombis()
```

Este juego de caza de zombis permite al jugador disparar a
zombis y recibir daño de ellos. Puedes ajustar la lógica del juego y
agregar más características según tus preferencias. ¡Diviértete
cazando zombis!

Cifrado y Descifrado.

Ejercicio:

Crea un juego que desafíe a los jugadores a cifrar y descifrar mensajes.

Solución:

Aquí tienes un ejemplo de cifrado y descifrado utilizando una implementación simple de la Cifra de César en Python. Este cifrado consiste en desplazar las letras del alfabeto por un número fijo de posiciones.

```python
def cifrar(texto, clave):
    texto_cifrado = ""

    for char in texto:
        if char.isalpha():
            inicio = ord('a') if char.islower()
else ord('A')
            texto_cifrado += chr((ord(char) -
inicio + clave) % 26 + inicio)
        else:
            texto_cifrado += char

    return texto_cifrado
```

```python
def descifrar(texto_cifrado, clave):
    return cifrar(texto_cifrado, -clave)

def main():
    mensaje_original = "Hola, mundo!"
    clave_secreta = 3

    mensaje_cifrado = cifrar(mensaje_original,
clave_secreta)
    mensaje_descifrado =
descifrar(mensaje_cifrado, clave_secreta)

    print("Mensaje Original:", mensaje_original)
    print("Mensaje Cifrado:", mensaje_cifrado)
    print("Mensaje Descifrado:",
mensaje_descifrado)

if __name__ == "__main__":
    main()
```

Este código define dos funciones, `cifrar` y `descifrar`, que implementan la Cifra de César. Puedes ajustar la clave y el mensaje según tus necesidades. Ten en cuenta que este es un método de cifrado simple y no es seguro para aplicaciones criptográficas serias.

Construcción de Puentes.

Ejercicio:

Crea un juego de ingeniería donde los jugadores deben construir
puentes que soporten ciertas cargas.

Solución:

El término "Construcción de Puentes" puede referirse tanto a
proyectos físicos de construcción de puentes como a un concepto
metafórico relacionado con la conexión y la resolución de brechas.
Aquí proporcionaré un ejemplo simple de un programa en Python
que simula la construcción de puentes conectando dos puntos:

```python
class PuenteConstructor:
    def __init__(self, punto_a, punto_b):
        self.punto_a = punto_a
        self.punto_b = punto_b
        self.construido = False

    def construir_puente(self):
        print(f"Construyendo un puente entre
{self.punto_a} y {self.punto_b}.")
        self.construido = True

    def estado_del_puente(self):
        if self.construido:
```

```python
            print(f"Hay un puente entre
{self.punto_a} y {self.punto_b}.")
        else:
            print(f"No hay puente entre
{self.punto_a} y {self.punto_b}.")

def construir_puentes():
    # Ejemplo de construcción de puentes entre
puntos A y B
    puente1 = PuenteConstructor("Ciudad A",
"Ciudad B")
    puente2 = PuenteConstructor("Pueblo X",
"Pueblo Y")

    # Estado inicial de los puentes
    puente1.estado_del_puente()
    puente2.estado_del_puente()

    # Construcción de puentes
    puente1.construir_puente()
    puente2.construir_puente()

    # Estado final de los puentes
    puente1.estado_del_puente()
    puente2.estado_del_puente()

if __name__ == "__main__":
    construir_puentes()
```

Este programa crea dos instancias de la clase `PuenteConstructor` que representan la posibilidad de construir puentes entre diferentes puntos. El programa muestra el estado inicial de los puentes, los construye y luego muestra el estado final.

Puedes personalizar y expandir este ejemplo según tus necesidades, ya sea agregando más detalles a la clase `PuenteConstructor` o introduciendo conceptos más complejos de construcción de puentes según el contexto de tu aplicación. Este ejemplo es bastante simple y solo sirve como punto de partida.

Juego de Reciclaje.

Ejercicio:

Crea un Juego educativo y divertido, desafía a los jugadores a clasificar objetos para reciclar correctamente.

Solución:

Aquí tienes un ejemplo simple de un juego de reciclaje en Python. En este juego, el jugador debe seleccionar el contenedor de reciclaje correcto para cada tipo de objeto. Puedes expandir y personalizar el juego según tus preferencias.


```python
import random

class JuegoReciclaje:
    def __init__(self):
        self.objetos = ["Plástico", "Papel",
"Vidrio", "Metal"]
        self.puntos = 0

    def mostrar_puntos(self):
        print(f"Puntos: {self.puntos}\n")

    def jugar(self):
```

```python
        print("¡Bienvenido al Juego de
Reciclaje!\n")
        print("Instrucciones:")


        print("1. Selecciona el contenedor
correcto para reciclar cada objeto.")
        print("2. Los tipos de objetos son:
Plástico, Papel, Vidrio, Metal.")

        while True:
            objeto_actual =
random.choice(self.objetos)

            print(f"\nObjeto: {objeto_actual}")
            contenedor_seleccionado =
input("Selecciona el contenedor
(Plástico/Papel/Vidrio/Metal): ").capitalize()

            if contenedor_seleccionado ==
objeto_actual:
                print("¡Correcto! Has reciclado
el objeto correctamente.")
                self.puntos += 1
            else:
                print(f"Incorrecto. El objeto va
en el contenedor de {objeto_actual}.")

            self.mostrar_puntos()

            continuar = input("¿Quieres reciclar
otro objeto? (si/no): ").lower()
            if continuar != "si":
                print("¡Gracias por jugar!")
                break
```

```python
if __name__ == "__main__":
    juego_reciclaje = JuegoReciclaje()
    juego_reciclaje.jugar()
```

En este juego, el programa selecciona aleatoriamente un tipo de objeto y el jugador debe elegir el contenedor de reciclaje correcto. Cada respuesta correcta suma puntos. Puedes agregar más tipos de objetos, dificultad o características según tus preferencias.

Simulador de Restaurantes.

Ejercicio:

Gestiona un restaurante virtual, toma pedidos, y mejora el negocio.

Solución:

Aquí tienes un ejemplo simple de un simulador de restaurantes en Python. En este juego, el jugador puede ordenar alimentos de un menú y recibir una factura al final. Puedes expandir y personalizar el juego según tus preferencias.

```python
class Restaurante:
    def __init__(self, nombre):
        self.nombre = nombre
        self.menu = {"Hamburguesa": 10, "Pizza":
12, "Ensalada": 8, "Refresco": 2}
        self.orden = {}

    def mostrar_menu(self):
        print("\nMenú:")
        for plato, precio in self.menu.items():
            print(f"{plato}: ${precio}")

    def tomar_orden(self):
        while True:
            self.mostrar_menu()
```

```python
        plato = input("¿Qué te gustaría
ordenar? (Escribe 'fin' para terminar):
").capitalize()

        if plato == 'Fin':
            break

        if plato in self.menu:
            cantidad = int(input(f"Cantidad
de {plato}: "))
            if plato in self.orden:
                self.orden[plato] += cantidad
            else:
                self.orden[plato] = cantidad
        else:
            print("Plato no válido. Por
favor, elige algo del menú.")

    def generar_factura(self):
        total = sum(self.menu[plato] * cantidad
for plato, cantidad in self.orden.items())
        print("\nFactura:")
        for plato, cantidad in
self.orden.items():
            print(f"{plato} x {cantidad}:
${self.menu[plato] * cantidad}")
        print(f"Total a pagar: ${total}")

def simular_restaurante():
    nombre_restaurante = input("Ingrese el nombre
del restaurante: ")
    restaurante = Restaurante(nombre_restaurante)
```

```python
    print(f"\n¡Bienvenido al
{restaurante.nombre}!")
    print("Por favor, haga su pedido.")

    restaurante.tomar_orden()
    restaurante.generar_factura()

    print("\n¡Gracias por comer en nuestro
restaurante!")

if __name__ == "__main__":
    simular_restaurante()
```

En este simulador de restaurantes, el programa crea un objeto de la clase `Restaurante`, muestra un menú, toma la orden del cliente y genera una factura. Puedes modificar y expandir este código según tus necesidades y preferencias para hacerlo más interactivo o complejo. ¡Espero que encuentres útil este ejemplo!

Juego de Adivinanzas.

Ejercicio:

Presenta adivinanzas y desafía a los jugadores a adivinar la
respuesta correcta.

Solución:

Aquí tienes un ejemplo simple de un juego de adivinanzas en
Python. En este juego, el programa selecciona aleatoriamente una
adivinanza y el jugador intenta adivinar la respuesta.

```python
import random

class JuegoAdivinanzas:
    def __init__(self):
        self.adivinanzas = {
            "Adivinanza 1": "sombrero",
            "Adivinanza 2": "manzana",
            "Adivinanza 3": "montaña",
            "Adivinanza 4": "reloj"
        }

    def jugar(self):
        adivinanza_actual =
random.choice(list(self.adivinanzas.keys()))
        respuesta_correcta =
self.adivinanzas[adivinanza_actual]
```

```python
        print(f"\nAdivinanza: {adivinanza_actual}")
        intentos = 3

        while intentos > 0:
            respuesta_usuario = input("Tu respuesta: ").lower()

            if respuesta_usuario == respuesta_correcta:
                print("¡Correcto! Has adivinado la respuesta.")
                break
            else:
                intentos -= 1
                if intentos > 0:
                    print(f"Incorrecto. Te quedan {intentos} intentos. Intenta de nuevo.")
                else:
                    print(f"Lo siento, te has quedado sin intentos. La respuesta correcta era '{respuesta_correcta}'.")

def simular_juego_adivinanzas():
    juego_adivinanzas = JuegoAdivinanzas()
    print("¡Bienvenido al Juego de Adivinanzas!\n")
    juego_adivinanzas.jugar()
    print("\n¡Espero que hayas disfrutado del juego!")

if __name__ == "__main__":
    simular_juego_adivinanzas()
```

Este programa elige aleatoriamente una adivinanza y le da al jugador tres intentos para adivinar la respuesta correcta. Puedes agregar más adivinanzas y personalizar el juego según tus preferencias. ¡Diviértete jugando al Juego de Adivinanzas!

Juego de Preguntas de Historia.

Ejercicio:

Crea una trivia centrada en preguntas históricas.

Solución:

Aquí tienes un ejemplo simple de un juego de preguntas de historia en Python. En este juego, se hacen preguntas sobre historia y el jugador debe responderlas correctamente.

```python
class JuegoPreguntasHistoria:
    def __init__(self):
        self.preguntas = {
            "¿En qué año ocurrió la Revolución Francesa?": "1789",
            "¿Quién fue el primer presidente de Estados Unidos?": "George Washington",
            "¿En qué año finalizó la Segunda Guerra Mundial?": "1945",
            "¿Quién lideró la Revolución Rusa en 1917?": "Vladimir Lenin"
            # Puedes agregar más preguntas según sea necesario
        }

    def jugar(self):
        print("\n¡Bienvenido al Juego de Preguntas de Historia!\n")
```

```python
        aciertos = 0

        for pregunta, respuesta_correcta in
self.preguntas.items():
            respuesta_usuario =
input(f"{pregunta} ").strip()

            if respuesta_usuario.lower() ==
respuesta_correcta.lower():
                print("¡Correcto!\n")
                aciertos += 1
            else:
                print(f"Incorrecto. La respuesta
correcta es: {respuesta_correcta}\n")

        print(f"Has respondido correctamente
{aciertos} de {len(self.preguntas)} preguntas.")

def simular_juego_preguntas_historia():
    juego_preguntas_historia =
JuegoPreguntasHistoria()
    juego_preguntas_historia.jugar()
    print("\n¡Espero que hayas disfrutado del
juego de preguntas de historia!")

if __name__ == "__main__":
    simular_juego_preguntas_historia()
```

Este programa presenta al jugador una serie de preguntas de historia y verifica las respuestas dadas por el usuario. Puedes personalizar las preguntas y respuestas según tus preferencias y agregar más contenido histórico al juego. ¡Diviértete jugando el Juego de Preguntas de Historia!

Juego de Preguntas de Historia:

Ejercicio:

Crea una trivia centrada en preguntas históricas.

Solución:

Aquí hay un ejemplo adicional de un juego de preguntas de historia en Python. En este caso, las preguntas se almacenan en un archivo externo para mayor flexibilidad y expansión.

```python
import json
import random


class JuegoPreguntasHistoria:
    def __init__(self,
archivo_preguntas="preguntas_historia.json"):
        self.preguntas =
self.cargar_preguntas(archivo_preguntas)

    def cargar_preguntas(self, archivo):
        try:
            with open(archivo, 'r',
encoding='utf-8') as file:
                preguntas = json.load(file)
            return preguntas
        except (FileNotFoundError,
json.JSONDecodeError):
```

```python
                print(f"No se pudo cargar el archivo
de preguntas '{archivo}'.")
            return {}

    def jugar(self):
        print("\n¡Bienvenido al Juego de
Preguntas de Historia!\n")

        aciertos = 0
        total_preguntas = len(self.preguntas)

        if total_preguntas == 0:
            print("No hay preguntas disponibles.
Agrega preguntas al archivo correspondiente.")
            return

        for pregunta, opciones in
self.preguntas.items():
            respuesta_correcta = opciones[0]
            opciones_posibles = opciones[1:]

            print(f"{pregunta}\nOpciones:")
            for i, opcion in
enumerate(opciones_posibles, start=1):
                print(f"{i}. {opcion}")

            try:
                respuesta_usuario =
int(input("Selecciona el número de la respuesta
correcta: "))
            except ValueError:
                respuesta_usuario = 0

            if 1 <= respuesta_usuario <=
len(opciones_posibles):
```

```python
                opcion_elegida =
opciones_posibles[respuesta_usuario - 1]
                if opcion_elegida ==
respuesta_correcta:
                    print("¡Correcto!\n")
                    aciertos += 1
                else:
                    print(f"Incorrecto. La
respuesta correcta es: {respuesta_correcta}\n")
            else:
                print("Selección no válida. La
respuesta correcta es: {respuesta_correcta}\n")

        print(f"Has respondido correctamente
{aciertos} de {total_preguntas} preguntas.")

def simular_juego_preguntas_historia():
    juego_preguntas_historia =
JuegoPreguntasHistoria()
    juego_preguntas_historia.jugar()
    print("\n¡Espero que hayas disfrutado del
juego de preguntas de historia!")

if __name__ == "__main__":
    simular_juego_preguntas_historia()
```

En este ejemplo, las preguntas se almacenan en un archivo JSON llamado "preguntas_historia.json". Cada pregunta tiene una respuesta correcta y opciones posibles. Puedes personalizar el archivo con tus propias preguntas y respuestas. ¡Diviértete jugando el Juego de Preguntas de Historia!

Batalla de Magos.

Ejercicio:

Crea un juego de estrategia donde los jugadores asumen el papel de magos y se enfrentan en duelos.

Solución:

Aquí tienes un ejemplo simple de un juego de "Batalla de Magos" en Python. En este juego, dos magos se enfrentan y lanzan hechizos aleatorios entre sí hasta que uno de ellos queda sin puntos de salud.

```python
import random

class Mago:
    def __init__(self, nombre, salud=100):
        self.nombre = nombre
        self.salud = salud

    def lanzar_hechizo(self):
        dano = random.randint(10, 20)
        return dano

    def recibir_dano(self, dano):
        self.salud -= dano
        if self.salud < 0:
```

```python
        self.salud = 0

    def esta_vivo(self):
        return self.salud > 0


def batalla_de_magos(mago1, mago2):
    print(f"\nComienza la batalla entre
{mago1.nombre} y {mago2.nombre}!\n")

    while mago1.esta_vivo() and
mago2.esta_vivo():
        hechizo_mago1 = mago1.lanzar_hechizo()
        mago2.recibir_dano(hechizo_mago1)
        print(f"{mago1.nombre} lanza un hechizo a
{mago2.nombre} causando {hechizo_mago1} de
daño.")

        hechizo_mago2 = mago2.lanzar_hechizo()
        mago1.recibir_dano(hechizo_mago2)
        print(f"{mago2.nombre} lanza un hechizo a
{mago1.nombre} causando {hechizo_mago2} de
daño.")

        print(f"\nEstado actual:")
        print(f"{mago1.nombre}: Salud -
{mago1.salud}")
        print(f"{mago2.nombre}: Salud -
{mago2.salud}\n")

    if mago1.esta_vivo():
        print(f"{mago1.nombre} ha ganado la
batalla!")
    else:
```

```python
        print(f"{mago2.nombre} ha ganado la
batalla!")

if __name__ == "__main__":
    mago1 = Mago("Gandalf")
    mago2 = Mago("Dumbledore")

    batalla_de_magos(mago1, mago2)
```

Este código simula una batalla entre dos magos, cada uno con su
propia salud y capacidad para lanzar hechizos. Los hechizos
causan daño aleatorio al oponente. La batalla continúa hasta que
uno de los magos queda sin salud.

Puedes personalizar este juego agregando más funcionalidades,
hechizos o ajustando las reglas según tus preferencias. ¡Diviértete
en la "Batalla de Magos"!

Carrera Espacial.

Ejercicio:

Simula una carrera espacial donde los jugadores diseñan cohetes y compiten por llegar a planetas distantes.

Solución:

Aquí tienes un ejemplo simple de un juego de "Carrera Espacial" en Python. En este juego, dos naves espaciales compiten entre sí, avanzando con cada turno hasta que una de ellas alcanza la meta.

```python
import random

class NaveEspacial:
    def __init__(self, nombre):
        self.nombre = nombre
        self.posicion = 0

    def avanzar(self):
        distancia_avance = random.randint(1, 5)
        self.posicion += distancia_avance
        return distancia_avance

def carrera_espacial(nave1, nave2, meta=50):
    print(f"\nComienza la Carrera Espacial entre {nave1.nombre} y {nave2.nombre}!")

    while nave1.posicion < meta and nave2.posicion < meta:
```

```python
        input("Presiona Enter para avanzar al
siguiente turno...")

        avance_nave1 = nave1.avanzar()
        avance_nave2 = nave2.avanzar()

        print(f"\nTurno {nave1.nombre}: Avance de
{avance_nave1}. Posición: {nave1.posicion}")
        print(f"Turno {nave2.nombre}: Avance de
{avance_nave2}. Posición: {nave2.posicion}\n")

    if nave1.posicion >= meta and nave2.posicion
>= meta:
        print("¡Es un empate!")
    elif nave1.posicion >= meta:
        print(f"{nave1.nombre} ha ganado la
Carrera Espacial!")
    else:
        print(f"{nave2.nombre} ha ganado la
Carrera Espacial!")

if __name__ == "__main__":
    nave1 = NaveEspacial("Apollo 11")
    nave2 = NaveEspacial("Sputnik 1")

    carrera_espacial(nave1, nave2)
```

En este código, las naves espaciales avanzan una distancia aleatoria en cada turno. La carrera continúa hasta que una de las naves alcanza la meta establecida (por defecto, 50 unidades de distancia).

Puedes personalizar este juego ajustando la meta, agregando más naves, o incorporando otros elementos como eventos especiales en los turnos. ¡Diviértete en la "Carrera Espacial"!